大人の教養

面白いほどわかる

倫理

村中和之

駿台予備学校講師

＊この本には「赤色チェックシート」がついています。

はじめに

本書は、拙著『共通テスト　倫理の点数が面白いほどとれる本』をもとに、大学受験とは関係なく、一般読者の方も楽しめるように再編集したものです。

▶倫理を学べば、自分の人生を深く見つめることができる！

高校で学ぶ「倫理」という科目は、とても楽しい科目です。残念ながら必修科目ではありませんので、その楽しさを知っている人は多くないかもしれません。でもそれは本当にもったいないことです。選択科目ですから、基本的に好きな人しか選択しませんが、そうした人たちの多くが、「他の科目はしんどい思いをしながら勉強したけれど、倫理は楽しかった」と言うのです。では、どのあたりに倫理という科目の楽しさがあるのでしょうか。

倫理で扱う内容の多くは、**哲学と宗教**です。これらは会計学やプログラミングなどとは違い、はっきり言って、生きていくうえで直接役に立つものではありません。けれども往々にして、そのように一見すると役に立たないものこそが人生の軸になるのではないでしょうか。なぜ人生は苦しいのか、なぜ争いが絶えないのか、真理とは何か、正義とは何か —— 倫理では、こうした普遍的な問いに答えようとしてきた思想家の営みを学びます。倫理の面白さのひとつは、受験科目でありながら、このように**自分の人生の軸になり得るものを学ぶことができる**という点にあるでしょう。

ところで、古今東西の思想家たちのなかには、どう考えても社会人失格の非常識な人物が少なくありません。しかし常識にとらわれない彼らの見方が、常識に凝り固まってしまった私たちの眼を見開かせてくれることもあります。確固たる人生観といったものも大切ですが、固定観念にとらわれないことも同じように大切でしょう。その点で、**倫理で学ぶ多様なものの見方は、多くの気づきをもたらしてくれます**。受験生はそうした思想の斬新さがとくに面白く感じられるようです。社会生活を送るなかですっかり常識に妥協的になってしまったであろう大人の読者の方々にとっても、一種のデトックス作用をもつことでしょう。

また、多様性が重視される今日において、**異なる価値観を学ぶ**ことには特別な意義があると言えます。グローバル化する世界において、好むと好まざるとにかかわらず、私たちは異なる価値観の人々と関わりをもたざるを得ません。たとえばイスラーム教徒の数は世界で増え続けており、あと30年ほどでキリ

スト教の信者数に肩を並べると考えられています。これほど多くの人々が信仰している教えには、何かしら人々の心を捉（とら）えるものがあるに違いありません。自分自身の信条は別にして、そうしたものを理解することは今日（こんにち）に必須のリテラシーと言っても過言ではないでしょう。もちろんイスラーム教だけではありません。倫理はそうした多様な価値観を学ぶ科目でもあるのです。

▶これからの時代を生きるための「教養」とは

　最近、**「教養ブーム」**とでも言うべきものが起こっています。その背景には、**過度な実学志向への反省**があるのではないでしょうか。最近は大学でも教養課程の切り捨てが著しく、文系学部不要論も幅をきかせています。実学の意義を強調した福沢諭吉（ふくざわゆきち）の権威を借りて、人文的教養を嗤う論者もいます。福沢諭吉自身は儒教やキリスト教を含めた深い人文的教養を身につけた思想家でしたが、困ったことに、教養人でない人が教養を軽視する風潮を強めてきたのです。

　しかし世界に対立と分断が深まるなか、また「失われた30年」ですっかり日本社会が自信をなくしつつあるなか、状況は変わってきました。**新たな羅針盤（らしん）**を求める動きが強まり、これが今日の教養ブームを引き起こした背景をなしているように思われます。

　もちろん宗教も哲学も、そう簡単に理解できるものではありません。私も本書ですべてがわかるなどと大言壮語を吐くつもりはありません。ただ、これまで受験生を相手にしてきた感触から、社会人の方々にとっても、本書は理解の一助になるのではないかと思っています。

▶本書の特長と活用方法

　本書は『共通テスト　倫理の点数が面白いほどとれる本』がもとになっていますが、受験生でない方にとっては不要な「チェック問題」などは割愛しました。学習者が疑問に感じやすい点をセリフにし、その疑問に対して回答していくというスタイルは維持しているので、そのまとまりごとに内容を整理しながら読むと理解しやすいでしょう。

　かつて、本書のベースとなった「黄色本」シリーズで学んだ元受験生の方もいるかもしれません。あの頃を懐かしく思い出しつつ、赤色チェックシートなども活用して理解を確認していただくのもよいかと存じます。

村中　和之

もくじ

第 **3** 章 日本思想 …168

第 **4** 章　**現代社会の課題** ...226

本文デザイン：長谷川有香（ムシカゴグラフィクス）
本文イラスト：どいせな・中口　美保

＊本書がもとづいているデータは、2022年11月現在の情報が最新です。
＊条約・法律については、採択年を表示しています。

古代ギリシアの哲学(1)

この項目のテーマ

1 ミュトスからロゴスへ―哲学の誕生
　最初の哲学は自然を対象としていた！

2 ソフィスト
　ソフィストの相対主義的議論の意義と限界

3 ソクラテスの思想
　ソクラテスは「知者」ではなく「愛知者」！

1 ミュトスからロゴスへ――哲学の誕生

　まずは古代ギリシアの哲学から見ていきましょう。古代ギリシアは**哲学の生誕地**だと考えられているところです。

　そもそも**哲学**とは、何なのでしょうか？

　哲学とは何かという問い自体が哲学的な難問ですが、さしあたり、**世界のあり方**、**世界のとらえ方**、**人間の生き方などのあらゆる物事を根本から探究する学問**、と考えるといいでしょう。

　たとえば、「あの人はいい人だ」とか「この音楽は美しい」などの場合の「いい」とか「美しい」というのはそもそもどういう意味か。このように、万人が納得できる答えは出そうもない難問にあえて取り組もうというのが哲学です。

　もちろん、ギリシアでもいきなり体系的な哲学理論が出現したわけではありません。およそ世界で起こる出来事についての体系的な説明は、みな最初は**神話的な形**をとっています。ギリシアもその例外ではなく、たとえば**ギリシア神話**では、雷は主神ゼウスが投じる武器として説明されました。このようにあらゆる現象を**神々の意志**から説明するのが**神話的世界観**です。なお、ギリシア語で神話のことを**ミュトス**といいます（英単語 myth の語源）。「神々」との表現からわかるとおり、ギリシアでは**一神教**ではなく、**多神教**が信じられていたんですね。

> **ギリシア神話**
>
> 　ギリシアでは神々と英雄たちの物語(**神話**)が口承で伝えられてきたが、しだいに文字化されていった。以下のようなものが代表的である。
>
> - **ホメロス**(前8世紀?)　韻文で英雄などの物語を伝えるもの
>   - …『**イリアス**』『**オデュッセイア**』(いずれも叙事詩)
> - **ヘシオドス**(前8世紀?)
>   - …『**神統記**』(神々の系譜を描写)、『**仕事と日々**』
> - **ソフォクレス**(前5世紀)
>   - …『**オイディプス王**』、『**アンティゴネー**』(いずれも悲劇)

　ギリシア人たちは近代科学の存在しない時代に、自分たちの知識と想像力によって、世界を**混沌**としてではなく、筋道の立った体系的な物語として理解しました。とはいえ、神話の内容は恣意的であり、それが正しいかどうかは確かめようがない。そこで、しだいにミュトスによってではなく、**ロゴス**によって世界を合理的に説明しようとする人々が出現したんですね。彼らの立場を**自然哲学**と言います。

　ロゴスは古代ギリシア哲学における最大のキーワードです。これには「**論理**」「**理性**」「**言葉**」などさまざまな訳語が当てられますが、要するに「**宇宙を支配する法則**」のことと考えましょう。つまり、宇宙は合理的な法則に支配されているのだ、ということです。

　このように、世界のあり方を客観的に探究する人々が現れたことをもって**哲学の誕生**と言います。哲学とは人生観のことだと思っている人が多いですが、最初の哲学は自然(**ピュシス**)を探究するもので、今日の「自然科学」に近いものでした。哲学はもともと「学問」全般を指していて、近代になって個別の学問が枝分かれしていったのです。

　では、**自然哲学**についてもっと具体的に教えてください。

　自然哲学者たちは世界をロゴスによって説明しようとした、と言いました。彼らは**世界のあらゆる現象をすべて説明できる単一の原理**、つまり**万物の根源(アルケー)**を求めたのです。

- タレス （前624ごろ～前546ごろ）
  - 「**哲学の祖**」、ミレトス学派を形成
  - 「万物の根源は**水**である」
- ピュタゴラス （前6世紀ごろ）
  - 宇宙と音階のなかに調和と秩序を見出し、**数**こそ世界の原理と主張
  - **魂**の不死と**輪廻転生**を主張（➡ プラトンに影響）
- ヘラクレイトス （前540ごろ～？）
  - 万物を生成と運動において把握（「**万物は流転する**」）し、その背後に**ロゴス**を見出した。
  - **火**こそが万物の根源（アルケー）だと主張
- デモクリトス （前460ごろ～前370ごろ）
  - 世界は、感覚でとらえられない**原子**と**空虚**からなると主張
  - 「色」や「甘さ」などの感覚的性質は主観的印象にすぎない

この4人は自然哲学のいわば「四天王」で、超重要人物たちです。

タレスは、天文学の知識から日蝕を予言したことなどが伝えられる「**最初の哲学者**」。アルケーを水に求めているという点もおさえましょう。

ピュタゴラスは、三平方の定理などでおなじみでしょうか。この人は**ピュタゴラス教団**というちょっと怪しい宗教結社の創始者で、アルケーを数に求めています。アルケーという概念には、世界の**根源的物質**という意味だけでなく、世界の究極原理といった意味があるのです。

ピュタゴラスは**音楽的な美**が厳密な**数的秩序**によって裏づけられていると考えました。これは今日的に見ても正しい考え方で、たとえばいわゆるハモる音（協和音程）というのは音の周波数どうしが単純な整数比になっているのです。そして、ピュタゴラスは音だけではなく、全宇宙も数的な秩序のもとにあると考えました。宇宙のことを**コスモス**（秩序 ⟷ カオス）と呼んだ最初の哲学者はピュタゴラスなのです。

また、ピュタゴラスは、人は死んだあとにその魂が別の人間や動物に宿り、生まれ変わるという**輪廻思想**を抱いていたことでも知られています。彼は肉体を**魂の牢獄**ととらえ、数学と音楽に触れることで不死の魂を浄化することができると考えていました。

ヘラクレイトスが火のなかにアルケーを見出したのは、世界が火からできているという意味ではなく、**生成変化**するものの象徴として火を挙げたのでは

ないかと考えられています。たしかに、火はつねに形が変わりますね。彼は、どんなものも生成と変化のうちにあるとして、「**万物は流転する**」と述べたらしい。また、「**同じ川に二度入ることはできない**」という言葉も有名です。

> では、ヘラクレイトスは世界が混沌だと考えたのですか？

　むしろその逆です。ヘラクレイトスは万物の変化に注目した哲学者ですが、彼は、変化のなかに貫徹する法則的秩序としての**ロゴス**が世界の背後にあると主張しています。じつは、「ロゴス」という言葉を使い始めたのはこのヘラクレイトスだと言われているんです。

　最後の**デモクリトス**は古代ギリシアの哲学者では最も近代科学に近い発想をもっていた人です。彼は、万物は**アトム**（**原子**）から成り立っていると考えた。アトムとは、「**これ以上分割できないもの**」という意味です。アトムは目に見えない微粒子で、さまざまな種類のアトムが真空（ケノン）のなかを運動していると考えたのです。

⬆⬆ その他の自然哲学者

　タレスたちは、世界を単一の素材から説明しようとしたが、単一の素材から複雑な世界が生成されるためには、あるものが別のものに変化しなければならない。こうした生成や変化という現象には根本的な矛盾があり、感覚でとらえられる世界は仮象の世界にすぎないとして、エレア学派の**パルメニデス**（前544ごろ～前501）はいっさいの**運動**を否定した。彼は「**有るものはあり、有らぬものはあらぬ**」と述べている。知性だけでとらえられる永遠の世界を探究するこの立場は、プラトンに大きな影響を与えたとされる。

　これに対して、**エンペドクレス**（前493ごろ～前433）は、世界は水・火・空気・土の**四元素**からなるとして、これらが愛と憎しみによって分離・結合の運動をもたらすと主張することで、自然哲学を集大成した。

ポイント ▶ 哲学の誕生

- 世界を合理的に（**ロゴス**により）説明する哲学はギリシアで生まれた
- 最初の哲学は自然を探求対象としていた（**自然哲学**）
- **タレス**は「水」に、**ヘラクレイトス**は「火」に、**デモクリトス**は「原子」に万物の根源（**アルケー**）を見出した

2 ソフィスト

さて、よく知られているように、ギリシアは**民主政治**の母国です。とくにギリシア最大の**ポリス**（都市国家）であったアテネでは、民主政治が全面的に開花するようになります（ほとんどの公職をくじ引きで選んでいたほどでした）。こうした背景から、人々の関心は自然（ピュシス）よりも法や社会制度など（**ノモス**＝人為的なもの）へと向かうようになりました。ところで、民主社会で重要なのって何でしょう？

人々を説得する技術ですか……？

そうですね。民主社会における指導者にとっては、時代を問わず、一般市民からの支持を獲得することが何より大事になります。だから、当時のアテネでは弁論のテクニック（**弁論術**）が求められたんですね。そこで、弁論術などを教える職業教師というものが登場してきた。これが**ソフィスト**です。

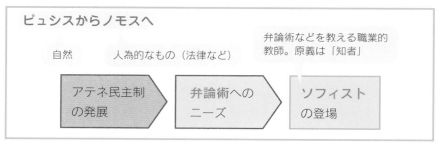

ピュシスからノモスへ

自然　　　　人為的なもの（法律など）

弁論術などを教える職業的教師。原義は「知者」

アテネ民主制の発展 ▶ 弁論術へのニーズ ▶ ソフィストの登場

ソフィストにはどんな人がいたんですか？

ソフィストの代表者が**プロタゴラス**（前500ごろ～前430ごろ）です。彼は講義で謝礼をとった最初の哲学者として伝えられ、「**人間は万物の尺度である**」という言葉が残されています。たとえば、熱さや冷たさは人によって感じ方がちがいますよね。このように物事の判断基準を人間の側に求めたのがプロタゴラスです。

この**人間中心主義**的な発想は、ある意味できわめて民主社会にふさわしいものと言えます。なぜなら、民主社会とは、特定の人の意見や宗教的権威などが真理とされるのではなく、各人の意見が平等に価値あるものとして尊重され、そのうえで意思決定しようとする社会だからです。今日（こんにち）でも絶対的な真理を振りかざす人がいますが、こうした非民主的な主張は警戒したほうがいいでしょう。

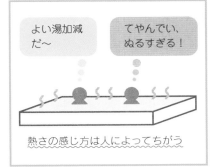

よい湯加減だ～

てやんでい、ぬるすぎる！

熱さの感じ方は人によってちがう

 でも、やっぱり真理はどこかにあるのでは？

これは難しいところです。たしかに私たちは、譲れない正義のようなものがあると信じてもいます（たとえば「赤ん坊（ぼう）を殺すことは悪だ」という命題（めいだい）は、「単なる意見」でしょうか？）。

ところが、ソフィストはあくまで真理や正義が人によってちがうという立場（**相対主義**（そうたいしゅぎ））をとったことから、しだいに彼らの議論は**詭弁**（きべん）めいたものになってしまいました。そもそも彼らにとっては**真理の探究**ではなく相手を**説得・論駁**（ろんばく）することが目的だったのだから、これも当然のことです。こうして、「ソフィスト」とはもともと「ソフィア（知恵）をもつ者」、つまり「知者」という意味だったのに、「詭弁家」を意味するものとして批判的に語られるようになったのです。

そしてまさにソフィストの相対主義に異議（いぎ）を唱えた最大の人物が、これから見る**ソクラテス**です。

ポイント ソフィストの登場

- 民主政の発展したギリシアでは、弁論術を教える職業的教師（**ソフィスト**）が登場した
- ソフィストは客観的真理を否定する**相対主義**の見地に立つことが多かった

3 ソクラテスの思想

いよいよ哲学者の代名詞とでも言うべき超大物**ソクラテス**（前470〜前399）の登場です。ソクラテスはひとつも著書を残していないので、私たちが知っているソクラテスの思想は、弟子**プラトン**の著作などで伝えられたものでしかない。プラトンの著作はそのほとんどがソクラテスを一方の語り手とする**対話篇**になっていますが、プラトンの初期の著作ではソクラテスの思想が比較的忠実に再現されていると考えられているんですよ。

ソクラテス

 ソクラテスはどんなことを説いたのですか？

ソクラテスの教えのなかで最も重要なものは、おそらく 魂 への配慮でしょう。簡単に言って、出世や蓄財などを人生の目標にするのではなく、人として**立派な生き方**をしなさいという教えです。

ソクラテスによると、人間にとっての**アレテー**（徳）とは、**魂を善いものにすること**（＝魂への配慮）だとされます。アレテーは一般に「徳」と訳されますが、直訳すると「卓越性」「優秀性」などとなる。要するに、**あるものがその本質においてすぐれている**、ということです。たとえば、馬のアレテーは遠くまで速く走ること、ナイフのアレテーはよく切れること、などというように使われます。人間は魂を磨いて**善く生きる**ことが大事だ、というわけですね。

> 「大切なのは単に生きることではなく、善く生きることである」
> （プラトン『クリトン』）

 これは名言ですね。……でもどうすれば**「善く生きる」**ことができるのでしょうか。

ソクラテスによると、善についての**知**を獲得すれば、必ず善い**行為**が実践できるとされます（**知行合一**）。つまり「わかっちゃいるけど、ついついやっちゃう」はあり得ない。ソクラテスに言わせれば、悪をなす者は本当の意味で善を理解していなかったということになるわけです。このように、魂を善いものにする（徳を身につける）ことは知によって可能になります。これが**知徳合一**。

ソクラテスは徳ある人となることのうちに幸福があると考えたんです（**福徳一致**ふくとくいっち）。

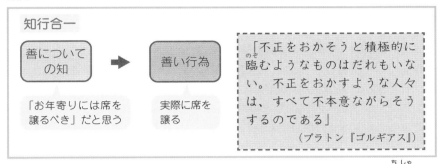

知行合一

| 善についての知 | ➡ | 善い行為 |

「お年寄りには席を
譲るべき」だと思う

実際に席を
譲る

「不正をおかそうと積極的に
臨のそむようなものはだれもいな
い。不正をおかすような人々
は、すべて不本意ながらそう
するのである」

（プラトン『ゴルギアス』）

　このように、ソクラテスは知の働きを重んじましたが、けっして「**知者**ちしゃ（ソフィスト）」は名乗りませんでした。彼はあくまで知の探究者（愛知者あいちしゃ）であろうとしたのです。「哲学」のことを英語で philosophy と言いますね。これはもともと知恵（*sophia*）を**愛する**（*philein*）ことを意味するギリシア語で、「知への愛」というソクラテスの立場に由来する言葉なのです。彼にとって大事なのは、**自分の無知をわきまえつつ知を追い求めること**だったのです。

それって**無知の知**むちのちってやつですよね。

　そう。有名なエピソードがあります。

　あるとき、ソクラテスの友人がデルフォイのアポロン神殿しんでんで、「**ソクラテスにまさる知者はいない**」との神託しんたく（神のお告つげ）を受けました。これを伝え聞いたソクラテスは不審ふしんに思い、その真偽を確かめるために賢者けんじゃと称される者と片っ端から対話をしてみたのです。すると、彼らはみなもっともらしいことを言うけれども、肝心かんじんなことについては知ったかぶりをしているにすぎないことがわかってきました。これでソクラテスは、自分も彼らと同様に**善美の事柄**ぜんびのことがら（究極きゅうきょくの知）については無知だが、無知である事実を自覚しているだけまさっている（無知の知）ということに気づいた、というわけです。

　で、ソクラテスはこれ以降、アポロン神殿にかかげられていた「**汝 自身を知れ**なんじ」を自身のモットーとして、アテネで多くの人と対話を重ねて真理しんりの探究を行うことになります。そのさいに彼は、知的探究の方法として**問答法**もんどうほう（ディアレクティケー）を重視し、また、対話相手に真理を教え込むのではなく、対話相手の矛盾や無知を指摘することによって相手自身に真理を発見させる手助けをするよう心がけたのです（**助産術**じょさんじゅつ）。

しかしそんなソクラテスは、けっして人々から尊敬されたわけではありませんでした。それどころか、ソクラテスは70歳のころ、「アテネの神々を敬わず、青年たちを堕落させた」との罪状で告発され、陪審制の裁判で**死刑判決**を受けてしまいました。

考えてみれば、ソクラテスはアテネの有力な知識人を片っ端から論破し、その無知ぶりを証明して回っていたのだから、そりゃ憎まれもするでしょう。なお、この裁判でソクラテスが自分の言い分を雄弁に語る様子を描いたのがプラトンの『**ソクラテスの弁明**』。2400年も前に書かれたとは信じられないほど感動的なものですから。ぜひとも読んでみてください（短いからすぐに読めますよ）。

 ところでソクラテスの最期はどんな様子だったのでしょうか？

弟子であり友人でもあった**クリトン**が死刑を待つソクラテスのところに面会に行き、脱獄をすすめました（わりに容易に脱獄できたようです）。でも、ソクラテスは、不正（＝死刑判決）に対する不正（＝脱獄）は許されないとして、逆にクリトンを説得する始末でした。

 「悪法も法なり」ってやつですよね。

いえ、それがソクラテス自身の言葉だという証拠はありません。ソクラテスは、国法である以上、悪法でも従わなければならないという消極的なことを言いたかったのではなく、アテネの国法の保護下に生き、その恩恵に浴してきた自分が、都合の悪いとき（死刑判決）だけそれを破るというのは、筋が通らない、ということを言いたかったのです（彼はペロポネソス戦争に３度も従軍した愛国者でもありました）。「**大切なのは単に生きることではなく、善く生きることである**」との言葉は、じつはこのときに述べられたものでした。つまり、ソクラテスにとっては、死刑を受け入れるということが「善く生きる」という信念を貫徹する道だったんです。もしこのときに彼が脱獄していたならば、歴史に名を残してはいなかったでしょうね。

深いですねぇ。なんだか厳粛な気分になりました。

ソクラテスは死刑の日に集まった弟子たちに向かって、哲学とは「**死の訓練**」だと言いました。ソクラテスにおいて哲学とは、「汝自身を知れ」の言葉にあるとおり、真の自己を知ることであり、そして真の自己とは**永遠不滅の 魂**だとされます。だとすれば、真理の探究者たる哲学者にとって死は悲しむべきことでは

「ソクラテスの死」 ダヴィッド

なく、むしろ真の自己になることにほかなりません。こうして、弟子たちが悲嘆に暮れるなか彼は昂然と胸を張って、みずから毒杯を仰いだのです。

> **ポイント　ソクラテスの思想**
>
> - ソクラテスは善く生きることが何より重要だと説いた
> - 善い生き方は、真理を探究してそれを知ることで可能になる
> - 無知の知を重んじ、対話を通じて人々にその自覚を促した

2 古代ギリシアの哲学(2)

この項目のテーマ

1 プラトン
現象とイデアとの関係をしっかりと理解しよう
2 アリストテレス
プラトンの理想主義に対してアリストテレスが説いたものは？
3 ヘレニズムの思想
ポリス崩壊後のギリシア哲学とは？

1 プラトン

プラトン（前427〜前347）は西洋哲学史において決定的に重要な人物で、**観念論**（idealism）と呼ばれる哲学の原型を構築した大哲学者です。

プラトンの著作の多くはソクラテスが語る形をとっているのですが、中期以降の著作では「**善とは何か**」「**美とは何か**」というように、物事の本質について踏み込んだ議論が展開されていて、これがプラトン自身の思想だと考えられています。

プラトン

では、プラトンにとって善や美とは何なのでしょうか？

まず、「美」で考えてみましょう。**個々の美しいものと美そのもの**はちがう。たとえばモーツァルトの楽曲や谷崎潤一郎の小説などはたしかに美しいですが、それは美しいものの「具体例」にすぎず、「美そのもの」ではありません。「美とは何か」を説明するためには、**個物を超えた美そのもの**を示す必要があるのです。

もちろん個々の美しいものとちがい、美そのものはけっして見えません。また、個々の美しいものはいずれ消え去ってしまうけれども、美そのものは永遠不滅です。このように、視覚や聴覚といった**感覚**でとらえられない永遠不変の

真の実在を**イデア**と言います（「美そのもの」は「美のイデア」と言い換えられます）。イデアは感覚ではなく、**知性（理性）**でとらえるのです。

　プラトンによると、僕らがじかに見たり聞いたりしているこの世界は現象の世界にすぎず、**イデアの影**にすぎません。そのような現象にとらわれるのではなく、知性を働かせて、事物の本質たるイデアを探求すべきということです。

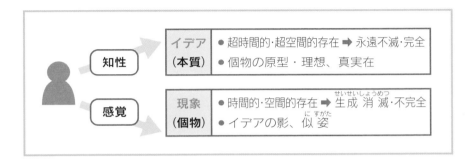

　幾何学を例に考えてみましょう。たとえば、黒板に描かれた三角形は、厳密には三角形ではありません。本当の三角形には1ミリの歪みも許されないし、そもそも線分に太さがある時点で失格です。だから、目で見える三角形は真の三角形（三角形のイデア）に似ているものでしかない。でも、私たちが真の三角形を見たことがないからといって、もちろん三角形を知らないわけではありません。真の三角形は知性でとらえられるのです。「3本の線分に囲まれた図形」というように。

　しかし、私たちは**個物（現象）**を見たときに**本物（イデア）**と見間違ってしまうことがある（**洞窟の比喩**）。これを、プラトンは戒めているのです。

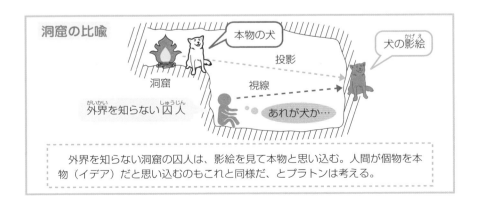

　外界を知らない洞窟の囚人は、影絵を見て本物と思い込む。人間が個物を本物（イデア）だと思い込むのもこれと同様だ、とプラトンは考える。

では、善のイデアとは何ですか？

イデアにはさまざまなものがありますが、**善のイデア**は特別です。三角形のイデアは個々の三角形の根拠。言い換えると、個々の三角形が三角形であるのは、それが三角形のイデアを**分有**しているからです。同じように、個々のイデアをイデアたらしめているのが善のイデアです。プラトンは善のイデアを、世界を照らす太陽にたとえています（**太陽の比喩**）。

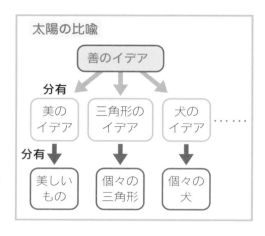

太陽の比喩

善のイデア

分有
美のイデア　三角形のイデア　犬のイデア　……

分有
美しいもの　個々の三角形　個々の犬

 ところで、イデアはどうすれば認識できるのですか？

プラトンによると、人間の 魂 はかつてイデア界に住んでいて、さまざまなイデアを直接に見知っていたが、魂が肉体をまとったときにそれらを忘却してしまいました。これこそ現実の人間が真理（＝イデア）に盲目な理由です。でも、人間は**真理や理想を追い求める本能的な欲求**をもっています。この欲求のことを**エロース**といいます。これはもともとギリシア神話の「愛の神」を表していましたが、プラトンは、ソクラテスが言う「知への愛」とほぼ同じ意味で使っています。このエロースの力を借りて、人は個物に出会ったときにイデアを**想起（アナムネーシス）**します。個物は本体であるイデアに似ているので、これを見ることで本体であるイデアを思い出すことができるのです。

ポイント 現象とイデアの関係

- **個物（現象）**は**感覚**の対象だが、**イデア（本質）**は**知性**の対象
- 魂がイデアを**想起**することで真理の認識が成立する

ところでプラトンは、正義の本質を次のように分析しています。まず、魂（心）は**理性、気概（意志）、欲望**という3つの部分からなります（**魂の三分説**）。

そしてこれらの三部分は、**知恵、勇気、節制**というそれぞれに対応する徳（アレテー）をもっており、この３つの徳がバランスよく調和するときに、**正義**が実現する。知恵・勇気・節制・正義を合わせて**四元徳**とも言います。

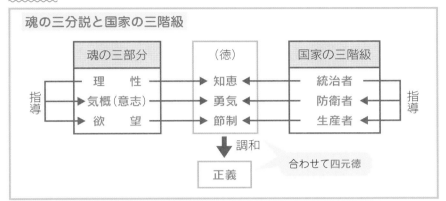

魂の三分説と国家の三階級

魂の三部分	（徳）	国家の三階級
理　　性	知恵	統治者
気概（意志）	勇気	防衛者
欲　　望	節制	生産者

指導　　　　　　　　　　　　　　　　　　　指導

↓調和

正義　　　　　合わせて四元徳

　そして魂についての以上の議論は、国家にも拡張されます。つまり、魂が３つの部分をもつのと同様に、**国家（ポリス）も統治者、防衛者**（軍人）、**生産者**（庶民）という３つの階級からなり、各階級の徳がそれぞれ知恵、勇気、節制だとされるのです。

　なお、魂の三部分も国家の三階級も対等な関係ではなく、それぞれ理性と統治者階級が指導的な地位を占める。理性より欲望の強い人が望ましくないのと同様に、国家ではエリートたる統治者がその他の階級を指導しなければ、けっして正義が実現しないのです。

なんだかエリート主義的ですね。

　まさにそのとおり！　プラトンは、師であるソクラテスを死刑に追いやったアテネ民主政を心から憎んでいました。知恵のない民衆が国家のあり方を決めるなどもってのほかだと考えていたのです。だから、彼が理想とするのは、**知恵を有する哲学者が王として統治するか、王が哲学を学ぶ**ような哲人政治です。哲学史上、彼ほど公然と民主主義に敵意を示した人はいないかもしれません。

　そんなわけで、プラトンの政治哲学は、ファシズムや全体主義を擁護するものだとして批判されることも多いです。でも、流されやすい大衆の声が政治を誤った方向に導いてしまう衆愚政治の危険性というものは、たしかにあります。プラトンの議論から私たちが教訓として学ぶべきなのは、大衆自身が知恵を身につける必要がある、ということじゃないでしょうか。

2 アリストテレス

アリストテレス（前384～前322）はギリシア辺境で生まれ、17歳のときにプラトンの学園**アカデメイア**に入門しました。しかし、師の没後は学園を去り、独自の思索を深めていきます。彼は天文学・生物学・詩学・政治学・論理学などあらゆる学問を体系化したことから「**万学の祖**」と呼ばれますが、それ以上に重要なのは、彼が師プラトンの**理想主義**と対比される典型的な**現実主義**の哲学を構築したことです。

アリストテレス

アリストテレスの哲学は、プラトンとどのへんがちがうのでしょうか？

アリストテレスは、次のように**プラトンのイデア論を批判**しました。

プラトンの立場では、事物の本質（イデア）は個物を**超越**していますが、アリストテレスによると、事物の本質は個物に**内在**しています。

事物はすべて、「それが何であるか」を表す**形相（エイドス）**に、「それが何からできているか」を表す**質料（ヒュレー）**が結びつくことで成立します。プラトンの場合、机そのもの（机のイデア）と個々の机はまるで別のものとされますが、アリストテレスの場合、机の本質は個々の机のなかに実現しており、**現実の事物とその本質とを切り離すことはできません。**

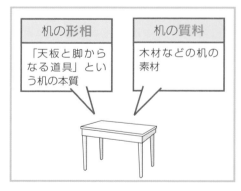

机の形相	机の質料
「天板と脚からなる道具」という机の本質	木材などの机の素材

でも、形相と質料がつねに結びつくわけではありませんよね？

たしかに。しかし、木材は潜在的には机になる可能性をもっています。このことをアリストテレス哲学では、「木材は机の**デュナミス（可能態）**である」と言い表します。また、現実の机は木材の可能性が顕在化したものとみなせるので、このことを「机は木材の**エネルゲイア（現実態）**である」と言い表しま

す。ほかに例を挙げると、子どもは大人のデュナミスだし（大人は子どものエネルゲイア）、種子は花のデュナミス（花は種子のエネルゲイア）ということになる。アリストテレスは、このように**動的**なものとして現実世界を運動・変化のうちに把握しています。

 なぜ現実世界は運動・変化するのでしょうか？

ひとつには、**だれかが運動を引き起こしたから**。たとえば机の場合、なぜそれが存在するかといえば、職人が木材を加工したからですよね。このとき職人による加工作業は机の始動因であると言われます。

もうひとつは、**何かしらの目的を実現するため**。机がなんのためにつくられたかというと、モノを載せたり書いたりするための道具が必要だったからでしょう。このような事物の目的を目的因と言います。

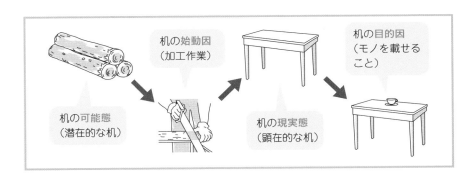

机の始動因（加工作業）
机の目的因（モノを載せること）
机の可能態（潜在的な机）
机の現実態（顕在的な机）

目的因という発想がわかりにくいのは、近代科学の成立後には事物のあるべき姿ないし方向性を「原因」とは呼ばなくなったからです（「始動因」だけが「原因」と呼ばれる）。でも、中世以前には目的因こそが世界の主たる動因だという目的論的自然観が支配的でした。アリストテレスこそがこの考え方を確立したんですよ。

ポイント アリストテレスの存在論

- 事物の本質（**エイドス**）は個物に内在している
- モノも人間も、すべてはその本性の実現へと向かっている（**目的論**）

アリストテレスは倫理学でも重要な議論を行っています。彼は『ニコマコス倫理学』のなかで、アレテー（徳）を次のように分類しています。

アリストテレスによるアレテー（徳）の分類
- 知性的徳（＝判断力）：学習によって習得できる
  - 例　知恵、思慮、技術
- 習性的徳（＝人柄）：善行の実践・習慣化によって体得できる
  - 中庸（メソテース）に合致した行為

プラトンが重視した知恵は、アリストテレスによっても重視されます。でも、賢い人（知性的徳をもつ人）の人柄がいいとは限りません。だから、人間には人柄の善さとしての習性的徳（倫理的徳）も求められます。そして、アリストテレスによると、人柄においてすぐれている人とは、しかるべきときに、つねに善を実践できる人、つまり善を習慣化している人です。

アリストテレスの場合、善行とはどんな行為なんですか？

過少と過剰を避けた中庸（メソテース）にかなった行為が善い行為です。なお、この中庸とは妥協を意味するわけではなく、あくまで事柄の本質において最適な行為を指します。たとえば、戦場でこっそり逃げ出すのは臆病ですが、大軍に向かって一人で突撃するのは無謀です。これらのあいだに最適の勇気というものが見出されるのです。

このように中庸を重んじるアリストテレスは、情念についても一概には否定せず、たとえば怒りについても、適切な仕方で適切なだけ怒ることは肯定しています。

もちろん、何が最適であるのかを判断するのは容易ではありません。だから、最適な行為を判断するためには知性的徳のひとつである思慮（フロネーシス）の働きを借りる必要があります。知恵（ソフィア）が客観的事柄を判断する理論知であるのに対し、思慮は何をなすべきかを判断する実践知なのです。

アリストテレスにとって、人生の目的とは何だったんですか？

目的論の立場を取るアリストテレスにとって、あらゆるものに目的があります。人間にとっての目的は、幸福（**エウダイモニア**）です。なぜかというと、幸福はけっしてほかの目的の手段となることはなく、それ自体で善いもの（最高善）だからです。

では、どうすれば人は幸福になれるのか？それは観想的生活によります。なぜかというと、アリストテレスによれば「**人間は生まれつき知ることを欲する**」動物であるからです。たしかにだれしも知的好奇心ってものをもっていますね。アリストテレスによると、知を探求することによって幸せになれるのです。

- 享楽的生活 ➡ 快楽
- 政治的生活 ➡ 名誉
- 観想的生活 ➡ 幸福

ところで、アリストテレスは人間がポリスという共同社会に生きる存在だということを強調し、「**人間はポリス的動物だ**」と言っています。けれどもポリスを成立させるためには人々を共同体に結合させるための原理が必要であって、これが友愛（**フィリア**）と正義（**ディケー**）です。友愛とは、**相互に相手の徳を尊敬し、相手の向上を願うような関係において成立する愛**のことです。

でも友愛だけでは共同性はおぼつかない。そこで次のような正義が求められることになります。

アリストテレスの正義論

- 全体的正義：すべての市民がポリスの法を守ること
- 部分的正義：状況に応じた正義〜いかに公正を保つか
  - 配分的正義：個人の地位・能力・功績に応じて**報酬**や**名誉**を配分
  - 調整的（矯正的）正義：利害得失の不均衡を調整

社会の秩序を保つためには、だれもが共通のルール（法）を守ることが必要ですね。一部の人がズルをしているようなことがあってはならない。これが**全体的正義**です。

でも、みんながルールを守るようにするためには、ルール自体が公正なものである必要がある。これが**部分的正義**で、これ自体がさらに2つに分かれます。

配分的正義とは、**報酬や名誉**などを各人にふさわしく分配すること。たとえば、社長とヒラ社員、営業成績のよい社員とそうでない社員では給料がちがいますが、これは配分的正義にかなっています。これに対して**調整的正義**とは、各人がふさわしくないものをもっていたり、ふさわしいものを失ったときに正

義を回復するための原理です。盗人には罰を与え、被害者には補償を与えるべきだという具合ですね。

　正義が実現すれば理想国家ができるのですが、アリストテレスはプラトンとはちがって現実主義者だから、**理想の国家**を思い描くだけでなく、**現実に可能な国家**についても考察を深めています。

支配体制	正しい国制	堕落した国制
一人による支配	王制	僭主制（独裁制）
少数者による支配	貴族制	寡頭制
多数者による支配	共和制	民主制（衆愚制）

　上の政体のなかで理想的なのは、1人のすぐれた君主が統治する君主制です。しかし、これが堕落して独裁制となると、一転して最悪の統治形態となってしまう（名君の息子が暴君となってしまう事例などは枚挙にいとまがない）。だから、各政体の堕落形態まで考慮するならば、最もリスクが小さく安定的なのは共和制ということになります。

　昔も今も、政情不安や社会への不満が募ると英雄待望論が高まるものです。でも、すべてを解決してくれる英雄は、きわめて危険なものですよ。みんなで統治をする共和制（≒民主主義）は手間もかかるしパッとしないシステムだけれども、それでもこれは中庸にかなった穏当なしくみであり、このしくみのもとで人々はよりよき社会をつくるよう努力すべきだと思います。

> ## ポイント▶ アリストテレスの倫理学
> - アリストテレスによると、人柄の善さは善行が**習慣化**されることによって実現し、そのさいの善行とは**中庸**にかなった行為である
> - 人々が生きる場であるポリスが維持されるためには、**正義**と**友愛**が必要

❸ ヘレニズムの思想

　絢爛たる哲学を生み出したポリス社会の文化は、**マケドニア**によるギリシア統一によって終焉しました。しかし、かつてアリストテレスが家庭教師を務めたこともある**アレクサンドロス大王**は、ペルシアやインドへと遠征し、空前の巨大帝国をつくりあげます。こうした政治社会状況が思想にも影響を与えました。

　その影響のひとつは、**普遍的な人間概念**が成立し、世界市民主義(コスモポリタニズム)の発想が生まれたということです。それまでのギリシア人にとって、ギリシア語を話さない者はすべて野蛮人（バルバロイ）とされました。ところが、世界帝国の成立で事情が大きく変わったのです。

　もうひとつの影響は、**個人主義的な倫理**が広まったことです。それまで、ギリシア人たちはポリスという顔の見える社会で隣人たちと自分たちの精神的共同体をつくって生きてきました。ところが、ポリスが崩壊し、彼らは自分たちの精神的拠りどころを喪失してしまった。ちょうど、現代の都市で人間関係が希薄であるのとよく似ています。だから、彼らは、ソクラテスたちが公共の善を探求したような熱意を失い、個人的な**心の安らぎ**を求めるようになっていったのです。

 ヘレニズムとはどういう意味ですか？

　ヘレネス（ギリシア人）が語源だから、広い意味では「ギリシアの考え方」くらいの意味ですが、せまい意味では、アレクサンドロスの東方遠征（前334〜）以降に東方の文明と融合して普遍的性格を帯びたギリシア文明を指します。**エピクロス派**と**ストア派**の２つがこのヘレニズムを代表する哲学です。

エピクロス派の思想

- エピクロス（前341ごろ〜前270ごろ）が創始
- **快楽主義**：肉体的な快楽ではなく**心の平静**（アタラクシア）を追求

  ➡ 政治・社会から距離を置く（「隠れて生きよ」）
- **原子論的唯物論**：**死**はアトムの離散にすぎない

英語で「快楽主義者」のことを「エピキュリアン」と言いますが、その語源が**エピクロス**です。もっとも、今日の「エピュキュリアン」はワインをたしなむ美食家などを指すことが多いが、本家のエピクロスはこれとまったく異なるタイプの哲学者でした。彼が求めたのはあくまで**心の平静（アタラクシア）**であって、刹那的な肉体的快楽などは長期的には苦痛をもたらすとしてしりぞけられました（たしかに、飲みすぎたりするとしっぺ返しを食らいますよね）。

心を煩わせるものを避けようとするのだから、ソクラテスみたいに街で論争をふっかけるなどもってのほかで、ひっそりと隠棲するのが正しいあり方だとされます。これが「隠れて生きよ」という標語です。もっとも、彼はひとり孤独に暮らせと言ったわけではなく、「エピクロスの園」と呼ばれる学園をつくり、仲間たちと静かに共同生活を営みました。

 なんだか陰気ですねぇ……

でも、煩いの克服を目指す姿勢は仏教とも通じるものがあるし、たしかに、ここには思想の1つの典型の姿を見ることができます。

なお、エピクロスに関しては、デモクリトスと同様に原子論を信じていたことも重要です。ここから彼は「**死を恐れるな**」と説いています。死を経験したことのある人はだれもいないのだから、死がどのようなものであるのかは知るすべもなく、そんなものについて心配しても仕方ない。そして、いざ死んだら原子の集まりにすぎない人間はチリのように離散してしまうのだから、もはや死を考えることもできない。だから、どのみち死に煩わされる必要はない、と。

詭弁めいた主張ではありますが、エピクロスは、死が人間の心の平静にとって最大の脅威だということをよく認識していたからこそ、やや詭弁めいた議論までしたのかもしれませんね。なにせ、彼はとても痛い病気に絶えず苦しめられていたそうです。

ストア派の思想

- ゼノン（前336ごろ～前264ごろ）が創始
- **禁欲主義**：欲望に惑わされない**不動心（アパテイア）**を追求
- 宇宙に対するロゴスの支配 ➡ 「自然に従って生きよ」

エピクロス派に対比されるのが**ストア派**で、開祖は**ゼノン**。「禁欲的」を意味する「ストイック」という英語の起源にあたるグループです。彼らは、欲望に惑わされない**不動心（アパテイア）**を理想としました。これは、「**パトス**（情念）がない」という意味です。

なお、「快楽主義」と「禁欲主義」と言えばまるで正反対のようですが、エピクロス派とストア派がそれぞれ目指す「アタラクシア」と「アパテイア」は、ほとんど同じ境地と言えます。

 では、どうすれば欲望に勝てるのでしょうか？

多くのギリシア人と同様、ゼノンも宇宙は**ロゴス**が支配していると考えます。だとすると、私たち人間もロゴスの支配下にあるはずですね。この、人間におけるロゴスの部分こそ、いわゆる「**理性**」にほかなりません。だから、内なるロゴス（理性）の力でパトス（情念）を制御すればいい。もちろん、言うほど簡単なことじゃないですが、理性を信頼すること、これが「**自然に従って生きよ**」というスローガンとなっているのです。ゼノンの言う「自然」が「自然環境」や「大自然」などではなく、人間の理性であることをしっかりおさえましょう！

ストア派は、のちにローマ帝国でも継承され、奴隷出身のエピクテトスから、『自省録』を書いた皇帝**マルクス・アウレリウス**（121〜180）まで、じつに多彩な人々が独自の思索を展開していきました。

また、ロゴスが全宇宙を普遍的に支配するという発想から、**世界市民主義**の考え方が展開され、時空を超えた普遍的な法としての**自然法**の思想も育まれました。

ポイント ヘレニズムの哲学

- **エピクロス派**は快楽主義から心の平静（**アタラクシア**）を理想とし、公共の事柄に煩わされないよう「**隠れて生きよ**」と説いた
- **ストア派**は、禁欲主義から欲望に惑わされない不動心（**アパテイア**）を理想とし、また宇宙を貫く**ロゴス**と一体化するよう説いた

3 ヘブライズムの形成

この項目のテーマ

1 ユダヤ教
ユダヤ教の独自性と根本的な性格をよく理解しよう

2 イエスによる律法主義批判
イエスはユダヤ教から何を継承し、何を否定したのか？

3 キリスト教の成立と使徒パウロによる伝道
イエスの死を使徒たちはどう受け止めたのか？

1 ユダヤ教

前回まで古代ギリシアの哲学（**ヘレニズム**）について説明してきましたが、西洋思想にはもうひとつの母体があります。それが**ヘブライズム**と呼ばれるもので、**ユダヤ教**に始まり、**キリスト教**へと受け継がれてきた思想的伝統です。この2つの伝統をざっと対比してみると、次のようになります。

> **西洋思想の源流**
> ● ヘレニズム（古代ギリシア哲学）
> 　…**ロゴス**（理性）への信頼、**合理主義**的人間観
> ● ヘブライズム（ユダヤ教 ➡ キリスト教）
> 　…**人間の無力さ**の自覚、絶対的な神の前での**平等**

ギリシアの哲学者たちは、みな多かれ少なかれ人間の能力に強い自信と信頼を抱いていました。ところがヘブライズムの教えは、**人間の無力さ**を強調します。つまり、欲望や情念に流されてしまう人間の悲しい性を直視するのです。
でも人間の無力さが強調されるほど、その人間と対比される**神の偉大さ**が強調されることにもなりますよね。
古代ギリシアを含めて世界中の多くの地域では**多神教**が信仰されていました。これに対してヘブライズムは**一神教**であるから、その神は**唯一神**であり、またすべてをつくりあげた**創造神**でもあり、ほかに比肩するもののない**絶対神**

です。もし神がこれほど偉いのだとすれば、人間の能力のちがいなんて無に等しいことになる。だから結果として、ヘブライズムからは**人間の平等**という発想が生まれました。これは英雄的な人間を理想視した古代ギリシアではほとんど見られなかった発想です。

　ではユダヤ教の内容を具体的に見てみましょう。

ユダヤ教とは

- ●『旧約聖書』を聖典とする**ユダヤ人**の**民族宗教**

　　≒**イスラエル人、ヘブライ人**　　　　　└→世界宗教

- ● 唯一神**ヤハウェ**との契約にもとづく救済への信仰

　　　　創造神、絶対神、人格神

- ● 預言者モーセの活動などをもとに成立（BC. 6 C）

　ユダヤ教はユダヤ人だけが信仰でき、またユダヤ人だけを救済の対象とする**民族宗教**です。民族宗教というのは特定の民族だけが信仰するもので、民族の枠を超える**世界宗教**と対をなしています。

　独善的な教えにも見えますし、のちにキリスト教が成立するのも、この点とかかわっています。とはいえ、そんなユダヤ教が成立したことには、それなりの歴史的背景があります。ユダヤ教は、わずかな植物しか育たない過酷な砂漠地帯に生まれ、周辺の諸民族との争いも熾烈でした。こうした厳しい環境で生き残るためには、**厳格な掟**を基礎とし、自民族の救済を強く信じる教えがぜひとも必要だったのでしょう。背景を確認しましょう。

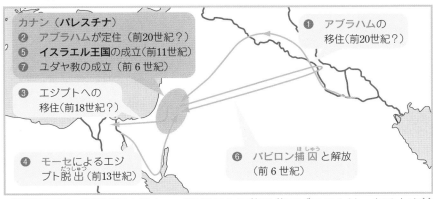

　『旧約聖書』の記述によると、イスラエル民族の父**アブラハム**は、あるとき**神**の声を聞き、その命令に従って約束の地**カナン**に向かいます。彼の子孫たちは飢えから逃れるため**エジプト**に移住しますが、のちに奴隷とされてしまいました。そこで神に与えられたカナンに戻ろうと、人々を導いたのがユダヤ教にお

ける最大の預言者モーセです（**出エジプト**）。

その後、彼らはカナンの地で**イスラエル王国**を建国し、栄華を誇りますが、王国はほどなくして分裂し、新バビロニア王国によって集団的に強制移住させられるという試練をも味わいます（**バビロン捕囚**）。

ユダヤ人は苦労したからこそ、彼らは苦難（＝試練）のなかで信仰を深めていきました。ユダヤ教は、民族的な苦難の意味を説明し、あくまで救済を信じる人々の拠りどころだったのです。

ユダヤ教の大きな特徴は、それが神とイスラエル民族との契約を核心に据えているということにあります。

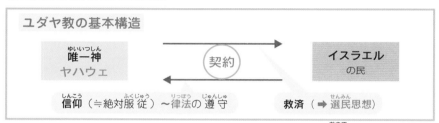

ユダヤ教によれば、**神への信仰**を守り、神に与えられた掟である律法を守り通せば、万能の神が**救済**してくれます。そして神がこうした約束を与えてくれたイスラエル民族は**選ばれし民**なのである（選民思想）から、どんな苦難も神がわれわれの信仰を試す**試練**として引き受けるべきだとされたのです。

律法の核心は預言者モーセがエジプトを脱出する途中でシナイ山で神から授かったとされる十戒に示されています。

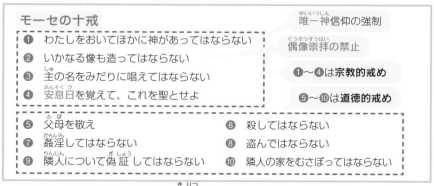

十戒は、神と人間との関係を規律する**宗教的な戒め**（❶〜❹）と、人間と人間の社会関係で守られるべき**道徳的な戒め**（❺〜❿）からなります。なお安息日とは、神が6日間で世界を創造して7日目に休息をとったことを記念するもので、いっさいの労働が禁じられています。

⬆⬆ 律法（トーラー）とは

　数十の文書からなる『旧約聖書』は、**律法（トーラー）**、預言者（預言書）、諸書と大きく3つのパートに分けられる。このうち、冒頭にある「創世記」「出エジプト記」など5つの文書をまとめて**律法**または**モーセ五書**と言う。ここに描かれているのは天地創造からモーセの死までの物語で、それ自体が神による命令・掟としての性格をもつ。

 では、イスラエルの人たちはその掟をきちんと守ったのですか？

　そうでもありませんでした。苦難の連続に耐えかねて、ヤハウェ以外の神を信仰するような人がたびたび出てきたのです。これは十戒❶の違反ですね。

　するとすかさず神様が出現して、厳かに「おまえたちは私を裏切った」などと宣告し、彼らは一族皆殺しの刑に遭う。『旧約聖書』にはこうした記述が何度も出てきます。**ノアの方舟**で有名な大洪水の物語も同様の事例ですね。

　日本のおおらかな感覚からすれば、やりすぎに思いますよね。でもユダヤ人は神に対する畏怖が人々を正しく導くと考えたらしく、旧約聖書の神は「**怒りの神**」「**裁きの神**」としての性格が強いのです。

　また、神による「制裁」がない場合には、**預言者**たちが人々に警告を発しました。「預言者」というのは未来の出来事を予知する者（予言者）ではなく、「神の言葉を預かる者」という意味です。ユダヤ教ではモーセだけではなく、イスラエル王国の滅亡後に人々の堕落に警鐘を鳴らした**イザヤ**や**エレミア**らも預言者として重要です。

　また預言者たちは警告するだけでなく希望をも語り、人々を励ましました。それが**終末思想**と**メシア**信仰です。それによると、神が正しき者とそうでない者を選別する**最後の審判**がいずれ訪れ、その終末の日にはメシア（救世主）が現れる、とされます。人々は、このメシア降臨の日を待望することで苦難を耐え続けました。そしてついに、「**神の国は近づいた。悔い改めよ**」と説き、自分がメシアであることを匂わせる人物が登場しました。それが**イエス**です。

ポイント ▶ ユダヤ教の特徴

　『旧約聖書』を聖典とするユダヤ人の民族宗教であり、唯一神**ヤハウェ**との契約を核とする宗教。**律法**の遵守による民族的救済を主張。

2 イエスによる律法主義批判

　イエスは紀元前4年ごろに大工ヨセフと**マリア**の息子として生まれ、30歳のころに「バプテスマのヨハネ」の手により洗礼を受けました（「バプテスマ」とは「洗礼」のこと）。この時代のユダヤ教は、形式的な信仰に傾き、魂の救いを求める民衆からは遠ざかっており、そうしたなかで登場したイエスは信仰のあり方を刷新したのです。これは、ユダヤ教やその律法を否定したのではありません。イエスは次のように言います。「**わたしが律法を廃止するために来たと思ってはならない。わたしはそれを完成するために来たのである**」と。また彼は「『（旧約）聖書』の言葉は一字一句正しい」とも言っています。つまりイエスは、ヤハウェに与えられた律法を肯定しつつ、それについての**解釈**を改め、正しい信仰を人々に示しに来たというわけです。このイエスによって示された教えは神と人間との**新しい契約**として、のちに『新約聖書』としてまとめられていきます（『新訳聖書』ではない！）。

イエス

⬆⬆ 『旧約聖書』と『新約聖書』

　キリスト教では、神がモーセに与えた律法を中心とする文書群を『旧約聖書』と呼び、イエスによって示された新しい契約とそれを前提にした文書群を『新約聖書』としたうえで、旧約と新約を合わせて「聖書」と呼んでいる。この表現は、イエスを神の子とするキリスト教の立場によるものであり、ユダヤ教の立場では、いわゆる『旧約聖書』のみが聖書とされる。

　イエスはユダヤ教における律法主義を厳しく批判します。律法主義とは**律法を形式的・表面的に守ろうとする態度**のことで、律法の遵守を至上とする**パリサイ派**に典型的に見られます。彼らは自分たちの正しさを誇り、律法を守れない心の弱い者たちや異民族を蔑みました。しかしイエスによると、律法というのは人々（の心）を正しき方向に導くためのものであり、こうした態度は本末転倒と言わざるをえない。イエスは、「**律法の内面化**」を目指したのです。

　たとえば、十戒のひとつである**姦淫**禁止令を素直に解釈すれば、売春婦はたいへんな罪人ということになります。でも心のあり方を重視するイエスからすれば、姦淫の欲望を抱く者も同罪です。また、**安息日**に病人を癒すのは戒律違反だとパリサイ派から咎められたさいにも、イエスは「**安息日は人のためにあるもので、人が安息日のためにあるのではない**」と静かに答えています。つ

まり、律法を形のうえでただ守ることよりも、**律法の精神**こそが大切にされなくてはならないというわけです。

イエスによると、律法とは神の教えであり、その最も核心にあるのは、**無差別で平等な絶対的な愛**にほかなりません。これは、ギリシア語で**アガペー**と言われます。「**天の父は悪人にも善人にも太陽を昇らせ、正しい者にも正しくない者にも雨を降らせてくださる**」というわけです。

そもそもイエスによると、人はすべて罪人であり、だれひとりとして悔い改めの不要な人などいない。姦淫を犯した女に石打ちの刑を加えようとした人々に対して、彼は「**あなたがたのなかで罪を犯したことのない者が、まずこの女に石を投げなさい**」と言います。もちろん人々は無言で立ち去るほかなかった。イエスはまた、「**わたしが来たのは、正しい人を招くためではなく、罪人を招いて悔い改めさせるためである**」とも言います。人間は本質的に弱い存在だから、どうしても罪を犯してしまうこともある。でも、その点を自覚して心から神に祈りを捧げるならば、慈悲深い神は赦してくださると言うのです。

新約の神はしばしば「**愛の神**」「**赦しの神**」と言われます。だから人々に求められるのは、こうした神の愛（**アガペー**）に対する応答、すなわち**神への愛**と**隣人愛**です（**2つの戒め**）。

神は、罪深く無価値な存在である私たち人間に対して無限の愛を注いでくださる。だから、僕らはその神を心から愛さなくてはならない（**神への愛**）。同時に僕らは地上の務めとして、神によるアガペーと同様の愛を同胞たちに差し向ける必要がある、これが**隣人愛**です。

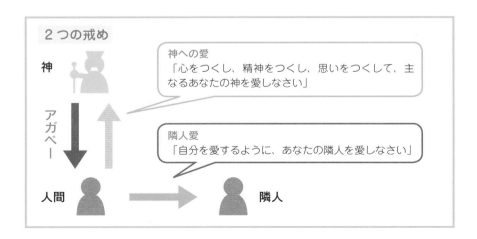

２つの戒め

神

アガペー

人間　　隣人

神への愛
「心をつくし、精神をつくし、思いをつくして、主なるあなたの神を愛しなさい」

隣人愛
「自分を愛するように、あなたの隣人を愛しなさい」

この場合の「隣人」というのは文字どおり隣にいる人だけを指すわけではなく、イスラエル民族限定でもない。だからイエスの教えは明確に選民思想を否定するものです。それどころか、イエスの言う「隣人」には自分の敵さえ含まれています。

- 「自分を愛してくれる人を愛したところで、あなたがたにどんな報いがあろうか」
- 「悪人に手向かってはならない。だれかがあなたの右の頬を打つなら、左の頬をも向けなさい」
- **「敵を愛し、自分を迫害する者のために祈りなさい」**

この教えに対し、とくに貧しい者、病人、女性らのあいだでは熱烈な支持が広がりました。でも、彼こそがユダヤ人の王国を再建するメシアだという期待は、ほどなくして失望に変わります。次の言葉を見てください。

神の国

「神の国は見える形ではなく、また『見よここに』とか『あそこに』というようなものではない。神の国はあなたたちのあいだにある」

これは、神の国がかつてのイスラエル王国のような現実の国家ではなく、人々の心の内面に成立するものだという指摘です。つまり、アガペーの心をもって隣人愛を実践する者は、すでに神の国を実現しているというわけです。これはたいへん革命的な教えですが、ローマ帝国からの支配という現実の苦しみから脱することを切望していた民衆にとっては、あまりに物足りないものでした。

そしてこの失望を利用したのがユダヤ教の指導者たちで、彼らは神の子を僭称する者としてイエスを訴え、イエスはローマ帝国の官憲の手により十字架にかけられて死んでしまいました。

ポイント イエスの教え

- イエスは律法そのものを否定していない（**律法の内面化を主張**）
- 信仰の核心は無差別・平等の絶対的な**愛**
- **神の国**は、地上に実現するものではなく、個人の内面に実現

3 キリスト教の成立と使徒パウロによる伝道

さて、イエスの活動はわずか2年間ほどで終わってしまったわけですが、キリスト教はこのイエスの死後に成立します。

 たしか、イエスが3日後に**復活**するんですよね。

そうです。ただしそれはもちろん聖書の記述であって信仰をもたない人には死者の復活などという物語はとうてい受け入れられないでしょう。でも、これを合理的に解釈することも可能です。

イエスの弟子のことを**使徒**といいますが、ひいき目に見ても、イエス生前の使徒たちはぱっとしませんでした。たとえば**ユダ**はイエスを密告して逮捕のきっかけをつくってしまうし、一番弟子の**ペテロ**（?～67ごろ）でさえ、イエスが逮捕されると、自分が関係者であることを3度までも否定する始末でした。とはいえ彼らは師を裏切って死なせてしまったことで激しく後悔したことでしょう（ペテロは号泣し、ユダは自殺した）。しかしペテロたちは思い出しました。**悔い改める心**こそが重要だというイエスの教えを。こうして彼らは間違いなく生まれ変わり、その悔恨の気持ちが**イエスの復活**という心理的体験（夢?）を引き起こしたのでしょう。だから、残された使徒たちは**原始キリスト教会**をつくり、イエスの教えを世に広めること（**伝道**）に文字どおり命をかけたのです。

▶ペテロはのちにローマ伝道中に迫害に遭い、殉教した。ローマ・カトリック教会ではペテロを初代教皇と位置づけている。

 でもそもそもイエスは「神の子」だったはずです。なぜあっさりと死んじゃったのでしょうか?

それをみごとに説明してみせたのが**パウロ**（?～62/65ごろ）です。この人物こそがキリスト教を本当の意味で築いたとも言われます。

じつはパウロはもともとパリサイ派の律法学者で、イエスの弟子たちを迫害する急先鋒でした。ところが彼は死んだはずのイエスの声を聞いて**回心**しました。回心とは単純に心を入れ替える「改心」ではなく、考え方が根本的に転換することです。聖書の記述では、

パウロ

このとき彼は「目からウロコのようなものが落ちた」とのことです。そして新たに使徒となった彼は、**イエスの死**について宗教的な解明を行いました。これが贖罪の思想です。

贖罪の思想　～なぜイエスは死なねばならなかったのか
　　人はすべて罪深い（∵原罪）
　➡イエスが人間の罪を一身に引き受けた（**十字架での死**）
　➡イエスを神の子として信仰すべき
　　　～「**イエス＝キリスト**」という信仰（**＝キリスト教**）の成立

原罪というのはすべての人間が宿命的に背負う罪のことです。これは、神が最初につくった人間である**アダム**と**イブ**に由来します。彼らは楽園で自然との完全な調和のもとに生きていましたが、これだけは食べるなと神に言いつけられていた知恵の木の実（**禁断の果実**）を食べてしまう。彼らが命に背いたことを知った神は激怒し、楽園から追放する。この結果、彼らの子孫である全人類にもその罪が継承されたというわけです。およそ人間の行う悪はすべてこれに由来します。

　ところで一般に、罪を犯した者は何らかの形で罪を贖うこと（＝贖罪、罪ほろぼし、罪を償うこと）が必要になります。しかしこの原罪は人類の始祖にまで遡る罪なので、ちょっとやそっとの反省では償えない。そこで、イエスがわれわれ人間のすべての罪を文字どおり十字架として一身に背負ってくれたというのです。だから、イエスの死は原罪に対する神の赦しを意味しているのであって、このイエスを与えてくれた**神の愛**を信仰し、神の子イエスを救い主（**キリスト**）として信仰するべきだとされる。ここにイエスをキリストとして信仰する**キリスト教**が誕生したと言うことができるのです。

⬆⬆ メシアとキリスト

　ヘブライ語でメシアは「油を注がれた者」を意味する。イスラエル民族の指導者（国王）が就任のさいに油を塗られたことから国王を指す表現となり、のちには来たるべき「**救い主**」を意味するようになった。このギリシア語訳が「クリストス」（『新約聖書』はギリシア語で書かれている）で、日本語では**キリスト**と言われるようになった。したがって「**イエス＝キリスト**」とは「救い主であるキリスト」という一種の信仰告白である。

パウロの教えとしては、ほかに**信仰義認説**の考え方を最初に示した点が重要ですね。ユダヤ教では律法の遵守が救済の条件と考えられていました。しかしパウロによると、人間は自分の意志で善をなすことなどできないとされる。だから、律法などを行為において守

> 「わたしは肉の人であり、罪に売り渡されています。……わたしは、自分の望む善は行わず、望まない悪を行っている。……わたしはなんと惨めな人間なのでしょう。死に定められたこの体から、だれがわたしを救ってくれるのでしょうか。わたしたちの主イエス＝キリストを通して神に感謝いたします」
>
> （パウロ『ローマ人への手紙』）

ることではなく、ただひたすら神とイエスを**信仰**することによってのみ、人は神によって義と認められる（救いの資格が得られる）、とされるんです。

それからパウロは、キリスト者にとって最も大事なものとして**信仰・希望・愛**という3つを挙げている。これはのちにキリスト教の**三元徳**と言われるようになるものです。

あとは、パウロの教えというより行いに関する点ですが、彼が**異邦人**（＝非ユダヤ人）への伝道に励んだというのも重要です。それまでイエスの教えはごく限られたユダヤ人に知られていたものにすぎませんでしたが、彼の活躍により、キリスト教は名実ともに**世界宗教**になっていったのです。

ポイント▶ パウロの業績

● イエスの死を宗教的に説明（**贖罪思想**）
● キリスト教の土台を形成（**信仰義認説**、**三元徳**、**異邦人**への伝道）

4 キリスト教の発展とイスラーム

この項目のテーマ

1 キリスト教の発展
アウグスティヌスとトマス・アクィナスの教えとは？

2 イスラームの教え
キリスト教との関係をおさえ、六信五行を覚えよう

1 キリスト教の発展

　今回のテーマは、キリスト教のその後の展開です。

　まず、紀元1世紀に『新約聖書』が成立し、キリスト教の信仰はローマ帝国の各地に急速に普及していく。しかし、この時代にはキリスト教の教義がまだ確立されていなかった。そのような状況にあって、異端信仰と闘い**正統教義**の確立に尽力した教会指導者を 教父 と言うのです。その代表が**アウグスティヌス**です。

アウグスティヌス（354〜430）

● 主著『告白』『神の国』『三位一体論』

● 教父哲学を大成し、カトリック教会の**正統教義**を確立

● 三元徳：**信仰・希望・愛**をギリシア四元徳の上位に

● 三位一体説：「神」と「イエス」と「聖霊」は本質的に同一

● 恩寵による救い：人間は原罪ゆえに悪への自由しかもたず、人間の救済は神の恩寵（恵み）のみによる

● キリスト教の歴史哲学：人間の歴史は善と悪、**神の国**と**地上の国**との闘いの歴史である。　▶**教会**は神の国の地上における代理

　アウグスティヌスの著書『告白』によると、彼は最初からキリスト者だったわけではなく、性的な放蕩に溺れたり善悪二元論の**マニ教**を信じたりといった遍歴の末に、母が信じていたキリスト教にたどり着きました。キリスト教に敵

対するほかの考え方を熟知しているという点が、彼の強みと言えるのかもしれないですね。

 アウグスティヌスは何を主張したんですか？

　まず彼は、前回にも出てきた**三元徳**（信仰・希望・愛）をプラトンの四元徳の上位に位置づけました（合わせて七元徳ということがある）。彼は、ギリシア哲学にも造詣が深く、とくに**新プラトン主義**と言われる潮流の影響を強く受けていたのです。つまり、アウグスティヌスはキリスト教の信仰をギリシア哲学によって補強したと言えます。

　それから、**三位一体説**を確立します。クリスチャンはお祈りのさいに「父と子と聖霊の御名によって、アーメン」と言いますが、この「**父と子と聖霊」が本質的に同一だという考え方**を三位一体説と言います。

　とくに問題だったのが、イエスは人間なのか、それとも神なのかというテーマで、イエスは肉体をもたぬ神が受肉したものである、つまり**イエスは神であると同時に人でもある**という立場が正統とされました。イエスは二重の性格をもっているんです。

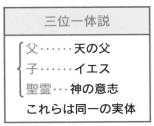

三位一体説

父……天の父
子……イエス
聖霊…神の意志
これらは同一の実体

 では**恩寵**というのは？

　前回に触れたように、**原罪**ゆえに人間はどうしても悪へと流されてしまいます。たしかに、人間は自分の行為を自分で決定できる**自由意志**をもちますが、それは**悪への自由**でしかありません。つまり、人間に善をなす自由はない。だから、そんな人間が救われるためには、慈悲深い神による**恩寵**（恵み）に期待する以外にはないんです。

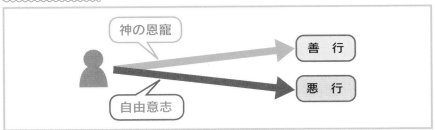

神の恩寵

善　行

悪　行

自由意志

🔼 恩寵の予定

　アウグスティヌスは、恩寵が与えられる人（救われる人）とそうでない人は神によって予（あらかじ）め決定されている（つまり、努力や信仰で救いを獲得することはできない）、と考えた。そもそも人間はだれひとり救われる価値がないため、そんな人間でも救われうることに感謝すべきだとされる。この**予定説**の考え方は、のちに宗教改革の指導者・カルヴァンに影響を与えた。

「キリスト教の歴史哲学」というのはなんですか？

　アウグスティヌスが生きたのは、ゲルマン民族が侵入し、西ローマ帝国が滅亡しようとする**危機の時代**でした。そんな背景のもと、そもそも神が世界をつくったのに悪が存在するのはなぜなのか、といった疑念が強まりました。

　これに対してアウグスティヌスはこう答えます。**歴史**は神による世界創造から終末に向かって進んでおり、そこでは**善**と**悪**という２つの原理がせめぎ合っている。この２つは**神の国**と**地上の国**と言い換えることもでき、それぞれ「神への愛」と「自己愛」によって支配されている。つまり、永遠の善である神のもとへと人々が導かれるまでの過程、それが歴史なのだと。なお、教会は地上における神の代理者であるとして、彼の議論は**教会制度の確立**にもつながりました。

> 「あなた（神）は私たちを、御自身に向けておつくりになったので、私たちの心はあなたのうちに憩うまで、安らぎを得ることができないのです」　　（『告白』）

🔼 新プラトン主義

　アウグスティヌスに影響を与えた**新プラトン主義**とは、３世紀に**プロティノ**スが始めたもので、万物は究極の一者から流出したものであるとし、この一者との合一を目指す。一者をキリスト教の神と解釈し、キリスト教と結びつける動きも起こった。

ポイント　アウグスティヌスの教父哲学

　最大の**教父アウグスティヌス**は、人間は**悪への自由**しかもたず、神の恩寵によってのみ救済されると説いた。

次に紹介するのは**トマス・アクィナス**（1225ごろ〜74）。生没年を見てもらえばわかるとおり、彼は古代の思想家ではなく、中世末期の思想家です。この時期には、教会や修道院の付属の学校で神学などさまざまな学問が研究されていました。学校で研究された哲学であることから、これを**スコラ哲学**と言います（「スコラ」は school の語源）。

アウグスティヌスはプラトン哲学の影響を受けていますが、この時期のスコラ哲学は**アリストテレス**の影響を強く受けています。じつは、アリストテレスの学派はバラバラになってしまい、文献も散逸してしまっていたため、本家ヨーロッパでは長く忘れ去られていました。ところが、**十字軍の遠征**でヨーロッパのキリスト教徒たちがイスラームと戦った際に、意外なことにムスリム（イスラーム教徒）たちがアラビア語でアリストテレスを研究し続けていたことを知ります。これをきっかけにアリストテレスの哲学はヨーロッパに逆輸入され、神学者たちもこれを導入していきました。

なるほど。で、トマス・アクィナスは何を主張したの？

トマス・アクィナスは**スコラ哲学の大成者**で、当時の神学者たちを悩ませていた大問題にいちおうの決着をつけました。当時の問題というのは、理性と信仰のいずれが優越するかというテーマです。

かつては「聖書」の記述などの神学的知識で宇宙のあらゆる現象が説明できると考えられていました。ところが、アラビア世界から流入した高度な化学などの科学的知識を使えば、信仰なしにたいていの事柄が客観的に説明できるようになってきたのです。こうなると、「理性だけで十分じゃないの？」「信仰いらなくない？」という疑問が出てもおかしくないですよね。でも神学者にとって、これはまずい。理性の威力も否定できないが、信仰も捨てがたい……スコラ哲学は、こういうジレンマに直面していたんですね。

そこで、トマスはこの問題について、次のように考えました。

信仰と理性の調和（トマス・アクィナス）

● 理性（**自然の光**）：自然界を認識

　↑ 完成（信仰が上位）

● 信仰（**恩寵の光**）：信仰上の真理を認識

認識の対象が異なる

第一に、理性と信仰は扱う世界が異なっている。だから、両者はけっして矛盾せず、むしろ**相互補完**の関係にある。3＋3がいくつになるのかといった問いに答えを与えてくれるのは理性（哲学）ですが、イエスの復活が何を意味するのかといった問いに答えを与えてくれるのは信仰（神学）です。つまり、理性と信仰のそれぞれに独自の意義がある。

第二に、理性と信仰は対等な関係にあるのではなく、**あくまで信仰上位**で統合されます。トマスは「**恩寵は自然を破壊せず、かえってそれを完成させる**」と述べていますが、これは信仰（啓示）によって明らかにされる真理が理性とは矛盾しないということとともに、信仰が理性より高みにあるということを意味します。スコラ哲学では「**哲学は神学の婢［侍女］**」と言われますが、トマスもこの観点を受け継いでいます。

⬆⬆普遍論争

スコラ哲学では、「普遍は存在するか」という問題が大きなテーマとなっていた。「普遍」とは、たとえば「ミケ」「タマ」といった指し示すことのできる個々のネコに対して、思考でしかとらえられない「ネコ」という概念である。「ネコ」などの概念は単なる名前にすぎず、本当に存在するのは個物だけだとするのが**唯名論**（名目論）であり、**ウィリアム・オッカム**が代表的哲学者である。

しかし、唯名論の立場では、神の存在が単に名目上のものとされかねないため、**アンセルムス**ら**実在論**（実念論）の立場に立つ哲学者は、普遍概念こそが存在すると考えた。この普遍論争に対してトマス・アクィナスは、アリストテレス主義の立場から、**普遍が個物に内在する**と論じて両者を調停した。

2 イスラームの教え

　アウグスティヌスがキリスト教の正統教義を確立してから二百数十年後、アラビア半島では**ムハンマド**（570ごろ～632）の手により、ヘブライズムの伝統を受け継ぐもう１つの宗教である**イスラーム**が誕生していました。イスラームは、唯一神(ゆいいっしん)**アッラー**への**絶対服従**を説く**平等主義**的な**世界宗教**です。

イスラームの特徴
- 開祖(かいそ)：**ムハンマド**（「**最後にして最大の預言者**(よげんしゃ)」）　　「神の子」ではない！
- 聖地(せいち)：**メッカ**（ムハンマドの生誕地）、メディナ、エルサレム
- 聖典(せいてん)：**『クルアーン』**（ムハンマドを介した神の言葉）、「聖書」の一部
  - ▶イスラームは単なる内面的信仰ではなく、宗教的共同体（**ウンマ**）をなしている（**聖俗一致**(せいぞくいっち)）。日常生活も**シャリーア**（イスラーム法）で規律。

（　ムハンマドは、キリスト教におけるイエスみたいな人ですか？　）

　まったくちがいます。イエスは「神の子」でありいずれ地上に再臨(さいりん)することが予定される神的な存在ですが、ムハンマドは預言者です。つまり、ムハンマドはあくまで人間だから、再臨も復活もしない。イスラームは神の唯一絶対性をキリスト教以上に強調する（「イスラーム」とは「服従」の意）ので、アッラー以外に神的な性格をもつ存在はけっして現れない。だから**偶像崇拝**(ぐうぞうすうはい)も厳しく戒められていて、イスラームでは神やムハンマドを絵画で描くことさえ禁じられているのです。

　その反面、イスラームは「神の前の平等」をとくに強調するので、信者はみな兄弟であって、民族の差別がないのはもちろん、**聖職者**(せいしょくしゃ)すら存在しません。

　さて、ムハンマドはもともと裕福(ゆうふく)な商人でしたが、40歳のときに突如(とつじょ)「起きて警告せよ」との啓示（神の声）を受け、預言者としての活動を始めます。ムハンマドは**「最後にして最大の預言者」**と言われていることからわかるように、イスラームの開祖(かいそ)であるにもかかわらず、彼に先行する預言者が想定されています。モーセやイエスたちです。イスラーム世界では、ユダヤ教徒とキリスト教徒は唯一なる神によって導かれた**啓典の民**(けいてんのたみ)とみなされており、これらは**兄弟宗教**と位置づけられています。そして、モーセやイエスはムハンマドに先行する神の代弁者(だいべんしゃ)（預言者）と考えられているのです。

ヤハウェとアッラーって同一人物なのですか？

　「人物」かどうかはともかく、少なくともイスラームでは、世界を創造した唯一絶対なる神として同一の存在だと考えられています（そもそも「アッラー」とはアラビア語で「神（the God）」を意味する）。

> ## ポイント イスラームの特徴
>
> ● **ムハンマド**は最後にして最大の預言者
> ● ユダヤ教・キリスト教は**兄弟宗教**

　さて**ムスリム**（イスラームを信じる者）には6つの信仰対象（**六信**）と5つの宗教的義務（**五行**）があります。

六　信

● 神　：唯一神アッラー　　▶**偶像崇拝**は厳禁　　アッラーの言葉をムハンマドに伝えた
● 天　使：神と預言者の媒介者　　例　ジブリール
● 聖　典：『クルアーン』、および『新・旧約聖書』の一部
● 預言者：神の言葉を伝える者　　例　モーセ、イエス、ムハンマド
● 来　世：**天国**と**地獄**　　最後の審判のさいに、現世での行いにより神が振り分ける
● 天　命：神の意志

　聖書が否定されていないという点は重要です。イスラームにおける聖典（啓典）とは、要するに神の言葉が正しく示されたものであって、『**旧約聖書**』の「モーセ五書」や『**新約聖書**』の「福音書」などもこの資格を満たしていると考えられています。『クルアーン』だけが聖典というわけではありません。
　なお『クルアーン』は「読まれるもの」を意味し、音読・暗唱が推奨されます。これは、ムハンマドに伝えられた**神自身の言葉**だと位置づけられているからです。けっしてムハンマドが執筆したものではありません。

五行

- 信仰告白：「アッラーのほかに神はなく、ムハンマドはその使徒である」と証言すること
- 礼拝　　：毎日5回、定刻にメッカに向かって祈りを捧げること
- 断食　　：ラマダーン（断食月）の日中にいっさいの飲食を絶つこと
- 喜捨　　：貧しい者に対して富の一部を分け与えること
- 巡礼　　：一生に一度はメッカに巡礼すること（努力目標）

　断食は日の出から日没までの日中だけ（日暮れ以降には豪華ディナーが待っています。

　喜捨は、イスラームが神の前の平等を強調することに由来するもので、同胞の助け合いが当然の義務とされています。

　ずいぶん、ルールが細かいですね！

　イスラームはそもそも単なる内面的信仰ではなく、結婚・相続など生活の全般を規律する教えなんです（その点はユダヤ教と似ている）。だから、『クルアーン』にはかなり細かいルールが書かれているし、そうでないルールはシャリーア（イスラーム法）で補われています。

　この信仰共同体はウンマと呼ばれ、かつてはカリフ（「ムハンマドの後継者」の意）が指導していました。のちに大きくスンナ派（多数派。ムハンマドの言行をもとにした慣行を重視）とシーア派（少数派。ムハンマドの血統を重視）に分裂してしまったのですが。

　イスラームでは異教徒との闘い（ジハード）という教えがあり、これが一面的にとらえられて不幸な対立をも引き起こしてしまったのですが、本来のジハードは悪に対する内面の戦いや、神に尽くすことを一般に指していました。ともあれ、結束と平等を説くイスラームの教えは多くの人の心をとらえ、現在ではアラビア語圏だけでなく全世界で信者を拡大しています。

5 古代インドの思想

この項目のテーマ

1 ブッダ以前の古代インド思想
バラモン教とウパニシャッド哲学の基本性格が重要
2 ゴータマ・ブッダの教え
多岐にわたる仏教思想のエッセンスをつかもう
3 ブッダ以後の仏教の展開
大乗仏教と上座部仏教のちがいが頻出！

1 ブッダ以前の古代インド思想

　ここからは東洋の源流思想について見ていきます。まずは古代インド。

　インドは仏教発祥の地ですが、じつは現代のインドで仏教徒の割合は非常に小さい（人口の1％くらい）。13世紀にはインドの仏教はほぼ消滅したとされます。20世紀後半からは増えてきているとも伝えられますけどね。

 では、多くのインド人は何を信じているのですか？

　ヒンドゥー教です。これはヨーロッパ人が「インド人の宗教」くらいの意味で呼称しているものにすぎませんが、ともかく古代の**バラモン教**にインド人の**土着信仰**が融合してしだいに形成された宗教、それがヒンドゥー教です。

　そしてヒンドゥー教の原型になった**バラモン教**（これまたヨーロッパ人が命名）とは、大昔のインドで成立したもので、次のような性格をもっています。

バラモン教とは
● カースト制を基盤とした**アーリア人**の民族宗教
　　　祭祀階級バラモンを頂点とする階級制度
● 神々への賛歌『**ヴェーダ**』を聖典とする自然神信仰

紀元前の15世紀ごろ、イラン北部地域に住んでいた**アーリア人**がインドに侵入し、先住民族を支配する過程で独自の信仰体系を形成していった。この信仰は祭祀階級である バラモン を頂点にした カースト制 という階級制度を基盤とします。

● **バラモン**	：祭祀階級
● **クシャトリヤ**	：貴族・戦士階級
● **ヴァイシャ**	：農民・商工業者
● **シュードラ**	：奴隷階級

神々への祈祷を 司 (きとう)(つかさど) る **バラモン**はこの宗教で特権的な存在であり、聖典『ヴェーダ』(サンスクリット語で「知識」の意) に示される秘儀や神々の声を聴くことのできる存在とされました。

> カースト制って今も残っているんですよね。

はい。異なるカーストでは結婚はおろか食事を同席することすら認められないなど、非常に厳しい身分制です。このしくみは1950年に制定された憲法で明確に禁じられましたが、残念ながら今日(こんにち)でもなお生きています。

なぜこんな悪習が残っているかというと、これはインド人のあいだで輪廻思想(りんね)が強く息づいている点とおおいに関係があります。輪廻思想とは、**永遠に生と死が繰り返される**、つまり肉体が滅んでも別の形で再生する、という考え方ですが、単に同じ人生を繰り返すわけではない。前世の行い(=業、カルマ)によって来世(らいせ)の生まれが決定されるのです。だから善い行いをしたものは高い身分に生まれることができるし(善因善果(ぜんいんぜんか))、悪い行いをしたものは低い身分、場合によっては動物なんかに生まれ変わってしまうこともある(悪因悪果(あくいんあっか))。

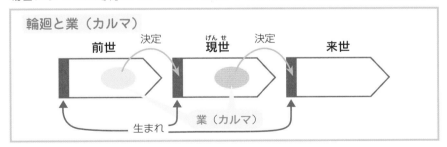

輪廻と業（カルマ）

前世 ─決定→ 現世(げんせ) ─決定→ 来世

業（カルマ）

生まれ

だから、逆に言うと、現世においてシュードラのような奴隷的境遇にある者は、前世で悪い行いをしたとみなされます。現実の世界では才能の差や運の善し悪しなど、たしかに運命みたいなものがありますね。これを前世から説明するのが輪廻思想なのです。そんなわけで、輪廻思想が息づいているインドでは、今でもカースト制が宿命的なものとして受け止められがちなのです。

なるほど、でも、現世で頑張れば、よりよい来世を期待できるのではないですか？

　それも難しいようです。というのも、だれしも多かれ少なかれ、後ろめたい過去を抱えていますよね。だから、来世ではさらにひどい生まれになってしまうのではないかと恐れるのです。おまけに、インド人は人間と動物をきわめて連続的にとらえているから、階級の「降格」ならまだしも、サルやイヌのような動物に生まれ変わってしまう可能性さえある。そこで、人々が目標としたのは、こうした恐ろしい輪廻の悪循環を絶ち切って永遠の至福に至ること（＝解脱）でした。

では、どうすれば解脱できるんですか？

　それについては、世界最古の哲学とも評される**ウパニシャッド哲学**で理論化されています。「ウパニシャッド」とは「奥義書」などと訳される文書群で、『ヴェーダ』の最後に位置づけられるものです。
　この哲学によると、解脱の方法は次のとおり。

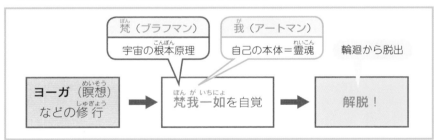

　ウパニシャッド哲学では、瞑想などの修業によって**梵我一如**を悟れば解脱できるとされます。「**梵（ブラフマン）**」とは宇宙の根本原理のことで、ギリシア哲学で言う「ロゴス」ときわめて近いものです。神々を含めた森羅万象はすべてこのブラフマンの現れだとされます。これに対して、「**我（アートマン）**」とは自我の本体のことで、要するに魂のことです。つまり、梵我一如とは、自我というものが宇宙と究極的に同一であるということを意味します。
　たとえば満天の星空などを見ると、吸い込まれてしまいそうになりますよね。このときに人は、自分が大宇宙の一部にすぎないことを深く感じているのです。この感覚を極限まで進めたのが梵我一如の境地だと思ってください。

⬆ ヨーガ

ヨーガは、今日では健康法ともなっているが、もとは呼吸を整え、瞑想して精神を統一する宗教的な修行法。アーリア人の侵入以前からインドで行われていたと考えられ、バラモン教、ジャイナ教、仏教などでも取り入れられた。坐禅の原型でもあり、仏陀はこれによって悟りを開いたことから、とくに禅宗では重視される。

さて、バラモンたちはヴェーダ聖典の権威を絶対化し、いわば真理を独占していました。しかし、紀元前6世紀ごろから商工業が発達してクシャトリヤやヴァイシャたちの社会的地位が向上したことなどを背景に、**バラモンの宗教的権威はしだいに低下していきました**。そんななかで、バラモンおよびヴェーダの宗教的権威を公然と否定する修行者たちが出現したのです。これを自由思想家と言います。その代表格が、**ヴァルダマーナとゴータマ・ブッダ**です。

> ヴァルダマーナって、はじめて聞きました。

ヴァルダマーナ（前549ごろ〜前477ごろ）は、ブッダとほぼ同時代に活躍したと考えられている、ジャイナ教の開祖です。「偉大な勇者」を意味する「マハーヴィーラ」という尊称もあります。彼はカースト制を批判し、徹底的な不殺生（アヒンサー）、**無所有**などを根本教義として**厳しい苦行**による解脱を説きました。あとで触れますが、**苦行主義を認めるかどうか**がブッダとの大きなちがいですよ。

⬆ 六師外道

仏教の世界では、自由思想家のうち、ブッダを除いた有力者6人を**六師外道**と総称する。ジャイナ教の祖ヴァルダマーナのほか、真理認識の不可能性を説いた懐疑論者の**サンジャヤ**、自由意志を否定した宿命論者の**ゴーサーラ**、道徳否定論者の**プーラナ・カッサパ**らが含まれる。彼らはいずれも、バラモンの権威を否定して独自の教えを展開した。

2 ゴータマ・ブッダの教え

いよいよ仏教の説明に入っていきます。ではさっそくですが、ひとことで言って仏教とはどんな教えだと思いますか？

仏様（ほとけ）の説いた教え、ですか？

半分は当たりです。でも、その説明だと非常に大事な点が抜け落ちてしまう。仏教というのは仏になる（**成仏**（じょうぶつ）する）ための教えなのです。では、**仏（ブッダ、仏陀、釈迦）**（じゃか）とは何か。これは、「**悟りを得た者**」という意味です。だから、**ゴータマ・ブッダ**という表現は、シャカ族の王子**ゴータマ**が悟りを開いたという事態を言い表しています。

そして、仏教が目指すのは、苦悩の根本原因を知り、それを解消すること（**解脱**（げだつ）、**悟り**）。だから、キリスト教などとちがい、仏教は、絶対的な神による救いを求めるのではなく、努力をして仏になる、すなわち真理を認識することが究極目標とされるのです。

なるほど。ゴータマさんってどんな方だったんですか？

ゴータマ・シッダッタ（前463?〜前383?）は、北インドの小国でシャカ族の王子として生まれました。物質的に何ひとつ不自由のない暮らしに虚（むな）しさを覚え、29歳のときに地位と妻子を捨てて出家します。当時のインドでは、バラモン教とは異なる真の解脱を求める修行者（**沙門**（しゃもん））が多くいたようで、ゴータマもその道を選んだというわけです。彼は6年間の修行の末に成道（じょうどう）（解脱・成仏）し、これ以降、80歳で入滅（にゅうめつ）（死去）するまで多くの人々に教えを説きました。

ゴータマ・シッダッタ

ゴータマは何を悟ったのでしょうか？

ゴータマ・ブッダの教えの核心は、**あらゆるものごとが相互に依存する**、ということ。これを緣起の法（緣起説）と言います。緣起というのは「緣りて起こる」と読み、何ごとも原因があって引き起こされたものだとする考え方です。

> 「これあるとき、かれあり、これの生じることによって、かれが生じる。これなきとき、かれなく、これの滅することによって、かれが滅する。」
>
> （『相応部経典』）

具体的には、頑張って勉強したので（原因）大学に受かった（結果）、という具合です。このように、私たちは物事を因果関係でとらえるのに慣れているはずですが、これをきちんと貫けないこともある。たとえば、大学に落ちた（結果）ときには、自分の不勉強（原因）を反省するのではなく、よそに原因を求めて八つ当たりをしてしまったりしますよね。つまり、ブッダは、人間の苦悩の根本原因を、緣起についての無知（＝無明）に見出したのです。

無 明 （真理が見えないこと）	→	● 煩悩（心身を迷わせる心の働き） ● 我執（実体のない自己への執着） ● 渇愛（自己を苦しめる欲望）	→	現実のさまざまな苦悩

生あるものは必ず滅びる。ところがこうした根本的な真実を直視できなくなるときに、人は不老不死のような無理な欲望を抱いてしまう。こうした欲望こそがあらゆる苦悩の原因なんです。

煩悩、我執、渇愛の3つはいずれもこうした欲望を表す概念です。ちなみに、「愛」という概念は仏教の世界では否定的にとらえられています（愛とは、何かに強くこだわることなので）。また、煩悩はさらに細かく分けて**三毒**と言われることもあります。

三　毒

● **貪**：貪欲に貪る心（＝欲望）
● **瞋**：怒りの心
● **癡**：真理に対する無知の心

> では、どうすれば悟りに至れるんですか？

悟りに至るための道は**四諦**（四聖諦）と**八正道**という考え方でまとめられています。

四諦（ブッダの説いた 4 つの真理）

❶ 苦諦（くたい）：人生は苦しみである

❷ 集諦（じったい）：苦の原因は煩悩にある

❸ 滅諦（めったい）：苦の原因を滅ぼせば**涅槃**（ねはん）に至れる

❹ 道諦（どうたい）：八正道（はっしょうどう）によって苦の原因を滅ぼせる

煩悩を吹き消した安らぎ（悟（さと）り）の境地（＝ニルヴァーナ）

- 正見（しょうけん）（正しいものの見方）
- 正思（しょうし）（正しいものの考え方）
- 正語（しょうご）（正しい言葉づかい）
- 正業（しょうごう）（正しい行い）
- 正命（しょうみょう）（正しい生活）
- 正精進（しょうしょうじん）（正しい努力）
- 正念（しょうねん）（正しい心を保つこと）
- 正定（しょうじょう）（正しい瞑想（めいそう））

　四諦の「諦」とは「諦める」という意味ではなく、「明らかにされたもの」、つまり「真理」ということです。ブッダが悟りを開いたのちに修行仲間に行った最初の説法（せっぽう）（**初転法輪**（しょてんぼうりん））で説いたのが、この 4 つの真理だとされます。

　まず、苦諦。これは、人生が苦しみだという真理です。もちろん、ブッダは絶望しなさいと説いているわけではなく、どう頑張っても人生の苦しみは避けることができないということを諭（さと）しています。

四苦八苦（しくはっく）

- 四苦（**生、老、病、死**）
- 愛別離苦（あいべつりく）：愛しい者と別れる
- 怨憎会苦（おんぞうえく）：憎（にく）い者と会う
- 求不得苦（ぐふとくく）：求めるものが得られない
- 五蘊盛苦（ごうんじょうく）：心身の苦しみ

八苦

　では、なぜ人生が苦なのか？　それは、人が多くの煩悩を抱え込んでいるからです（集諦）。苦の原因が煩悩だとわかれば、解決法は煩悩を滅却（めっきゃく）することに決まっています（滅諦）。しかも、それは適当なやり方ではダメで、煩悩を滅却するためには正しい修行法がある（道諦）、というわけです。

その修行法というのが八正道というわけなんですね。

　そう。それから、正しい修行は中道（ちゅうどう）の性質をもつということも大事です。中道とは、**快楽**と**苦行**の両極端を避けるということ。もともとブッダは王子としての安逸（あんいつ）な生活に満足できなかった。しかし、厳しい苦行に励んでも悟りは得られなかった。当時のインドでは身体を傷（いた）つけることで悟りに近づけると

いう考え方が少なくありませんでしたが、無益な苦行をブッダは明確に批判し
ています。ここはジャイナ教と対立するポイントです。

> なるほど。でも、八正道を実践するのは大変そうですね。

じつは、八正道は**出家者**（仕事や家庭などのすべてを捨てて仏門に入った
修行者）向けの教えです。ブッダは、
これとは別に**在家信者**（社会生活を
営みつつ仏教に帰依する者）向け
の教えも示しています。出家をしな
い在家の者が信者になるには、**仏・
法**（仏の教え）・**僧**の**三宝**へ帰依す
ることに加え、右の**五戒**を守ること
を宣言すればいい（**三帰五戒**）。

五　戒
● **不殺生戒** ：殺すな
● **不偸盗戒** ：盗むな
● **不邪淫戒** ：みだらな行いをするな
● **不妄語戒** ：うそをつくな
● **不飲酒戒** ：酒を飲むな

　盛りだくさんですが、ブッダの教えのエッセンスを簡単に示したものが、次
の**四法印**です。

四法印　～ブッダの教えのまとめ	
❶ **一切皆苦** ：人生のすべては苦しみである	
❷ **諸行無常** ：あらゆるものは変化・消滅する	アートマン（我）の否定
❸ **諸法無我** ：永遠不変の実体は存在しない	
❹ **涅槃寂静** ：煩悩を克服した悟りの世界は安らかである	

　四諦と同じく4つの真理ということです。ブッダの教えは膨大な経典に示
されているので、経典によって少しずつ教えの力点やニュアンスがちがいます。
四法印の「法（ダルマ）」というのはブッダの説いた教え（＝真理）という意
味で、四法印とはこのブッダの根本経説を4つに整理したものです。
　一切皆苦は四諦の「苦諦」とほぼ同じと言っていいでしょう。**諸行無常**は
『平家物語』の冒頭句で有名ですね。だれも死を避けられないように、この世
にあるすべては変化し消えてしまう、ということです。**諸法無我**は永遠不変の
実体といったものは何もない、ということ。ウパニシャッド哲学では我という
実体が前提とされていましたが、ブッダはこれも否定してしまうのです。

では、「私」の存在を否定してしまうんですか？

　そうではなく、自我（じが）が実体であることを否定するのです。ブッダによると、あらゆる存在者と同じく、人間は五蘊（ごうん）と呼ばれるものがたまたま寄せ集まったものにすぎない。言ってみればタマネギの皮のようなもので、どこまでむいても実体は現れない。はかない自我へのこだわりを捨てよというわけです。

五　　蘊
● 色（しき）：物質（身体）
● 受（じゅ）：感受（感覚）作用
● 想（そう）：表象（ひょうしょう）作用
● 行（ぎょう）：意志作用
● 識（しき）：認識作用

　無常（むじょう）と無我（むが）は、縁起（えんぎ）を別の形で言い表したものです。だから、**無常無我**こそが仏教の核心的思想だと言ってもいい。

　最後の涅槃寂静（ねはんじゃくじょう）は、無常無我（縁起）を悟（さと）って煩悩（ぼんのう）を克服した境地（涅槃（ねはん））が安らかで静穏（せいおん）なものであるということを言い表しています。

 なるほど〜。ところでそもそもブッダはなぜこれらの教えを説いたんでしょう？

　最初にも言ったように、ブッダにとっては現に人々が苦しみ悩んでいるということが問題でした。だから、ブッダの教えのすべてを貫く根本精神は、**苦悩する一切衆生（いっさいしゅじょう）を分けへだてなく救おうとする慈悲（じひ）の心**であると言える。ちなみに、ブッダの慈悲は人間ばかりでなく、動物などにも差し向けられます。

↑↑無記説

　ウパニシャッド哲学などでは、宇宙の存在構造といった高度に形而上学的（けいじじょうがくてき）な事柄（ことがら）が論じられたが、ブッダにとっては、苦しむ衆生の救済こそが肝心の課題であったので、それとかかわりのない形而上学的な事柄（世界の永遠性や死後の世界など）については肯定・否定いずれの判断も下さなかった。これを無記説（むきせつ）と言う。

ポイント▶ ブッダの思想

- ●ブッダは縁起の法にもとづき、苦悩の原因を知り、その克服を目指す教えを説いた
- ●ブッダの根本精神は、一切衆生への慈悲の心である

3 ブッダ以後の仏教の展開

　ブッダが亡くなった（入滅）後、ブッダの弟子たちのあいだでは、師の教えの解釈をめぐって混乱が起こります。ブッダは生前に何も書き残さなかったため、弟子のリーダーたちは、師の教えを経典にまとめるための会議（結集）を繰り返し開催しました。この結果、経・律・論の三蔵と呼ばれる仏典がまとめられましたが、その過程で立場のちがいが表れてきてしまいます。

三 蔵
● 経：ブッダの教え
● 律：僧団（サンガ）の戒律
● 論：経・律についての注釈

　まず、ブッダが説いた戒律をあくまで固持しようとする保守的な上座部と、これを柔軟に解釈しようとした大衆部とに教団が二分されます。そして、これらはさらに四分五裂していきました。このように、教団分裂以後の仏教を部派仏教と言います。そして前者の流れからは上座部仏教が、後者の流れからは大乗仏教が形成されました。

- ● 上座部仏教
  - ● 自己の悟り（自利行）を重視、戒律遵守、出家主義
  - ● 阿羅漢（修行の完成者）を理想視
  - ● スリランカやビルマなど南方に伝播 ➡ 南伝仏教
- ● 大乗仏教
  - ● 衆生救済（利他行）を重視、ブッダの精神（＝慈悲）を尊重
  - ● 菩薩（衆生済度を目指す修行者）を理想視
  - ● 一切衆生悉有仏性を根本思想とし、六波羅蜜の実践を説く
  - ● 中国、朝鮮、日本へと伝播 ➡ 北伝仏教

　上座部仏教とは、もしかして小乗仏教のことですか？

　そうです。ただ、「小乗」という表現は大乗仏教の側からの蔑称なので、第三者はあまり使うべきでないでしょう。そもそも、大乗や小乗の「乗」とは悟りの道に至るための「乗り物」という意味です。大乗仏教ではすべての生きとし生けるものが仏性（成仏の才能）をもつ（一切衆生悉有仏性）と考えるの

で、みんなで一緒に（大きな乗り物で）悟りの世界に行きましょうという平等主義的な教えが説かれます。

　ところが、上座部仏教は自分の悟りをひたすら目指すので、大乗仏教からは独善的な教え（一人乗りの乗り物）と映りました。大乗仏教も仏教である以上は自分の悟りを目指して修行する（自利行）けれども、それ以上に苦しむ人々を救うための修行（利他行）を重視するのです。

 菩薩というのは仏の一種ですか？

　菩薩は苦悩する**衆生を救済する修行者**を指すようになりました。仏というのは「悟りを得た者」なのだから、その手前にある菩薩は仏そのものではない（この点は、上座部仏教における阿羅漢も同様）。でも、大乗仏教の世界では有力な菩薩はそれ自体が信仰対象となっていき、いわゆる「仏像」などにもなっていきました。

　なお、菩薩を目指す者がなすべきことは右のとおり（六波羅蜜）です。

六波羅蜜
● 布施　：施しをする
● 持戒　：戒律を守る
● 忍辱　：恥辱・迫害に耐える
● 精進　：修行に励む
● 禅定　：精神を統一する
● 般若　：真実をきわめる

⬆⬆ 代表的な菩薩

　大乗仏教の世界でゴータマ・ブッダの次に成仏したと考えられているのが弥勒菩薩であり、日本でも国宝に指定されている広隆寺の半跏思惟像として有名である。弥勒菩薩は現在兜率天で待機中であるとされ、56億7000万年後に現れて人々を救済すると信じられている。

　そのほか、衆生救済の求めに応じてさまざまな姿で現れる観音菩薩（観世音菩薩、観自在菩薩）、のちに成仏して阿弥陀如来となる法蔵菩薩などがよく知られている。

大乗仏教の展開

- **空の思想**
  - 龍樹［竜樹］（ナーガールジュナ、150ごろ～250ごろ）が大成（➡ 中観派）
  - 永遠不変の実体はいっさい存在しない（**無自性**）
- **唯識思想**
  - 世親（ヴァスバンドゥ、320ごろ～400ごろ）が確立
  - 万物を心の現れにすぎないと主張

釈迦入滅（ブッダの死）後、数百年をかけて『般若経』や『法華経』などの大乗仏教経典が形成されたのですが、大乗仏教の理論化に最も貢献したのは、空の思想を大成したナーガールジュナ（龍樹［竜樹］）です。彼の思想は『般若心経』を理論化したものだと言われます。このお経の「**色即是空、空即是色**」という言葉はとても有名ですよね。これは、物質は有でも無でもない、空なのだ、という教えです。

有でも無でもない……。

こう言えばどうでしょう。現代物理学では物質が粒子であると同時に波動でもあると説明します。つまり、物質がいわゆるモノと言えるか、怪しくなっているのです。空の思想はこれと近いことを言っていて、存在しているとも存在していないとも言えないようなものとして、万物を相対性のうちに把握する。それが『般若心経』であり、龍樹の思想です。

最後に、ヴァスバンドゥ（世親）が確立した唯識思想について。これは、人間が世界で出会うあらゆるモノや現象を**心の現れ**にすぎないとする立場です。つまり、心の外の世界などというものはいっさい存在せず、すべては心の奥底にある**アーラヤ識（阿頼耶識）**の作用で生み出された迷妄にすぎないとされます。だとすれば、瞑想（ヨーガ）によって心のあり方を改めれば迷妄もまた消え去る、というわけです。

難解な教えですが、そもそも仏教が自分の心を内省することで苦悩からの解脱を目指すものだったことを思い出せば、仏教の本流を徹底したものと見ることもできるでしょう。

6 古代中国の思想(1)

この項目のテーマ

1 孔子の思想
仁の基本的性格をしっかりとおさえる

2 儒学の展開──孟子と荀子の思想
孟子と荀子はそれぞれ孔子の何を受け継いだのか？

1 孔子の思想

ここからは古代中国思想です。

中国では紀元前12世紀に成立した周王朝が社会のしくみをつくりあげたと考えられています。ところが、この王朝がすっかり衰退し、混乱の時代が始まった。これを**春秋・戦国時代**と言います。

こうした乱世にあって、人間の生き方や社会のあり方についての指針を示すべく登場したのが諸子百家と言われる思想家群です。くしくもこの時代は、ギリシアで自然哲学者たちが、そしてインドで自由思想家たちが活躍したのとほぼ同時期です。

そして諸子百家の代表が儒家というわけですね。

そうです。**孔子**（前551〜前479）を始祖とする思想家集団が**儒家**と呼ばれ、『論語』（孔子の言行録）や、後継者の思想書である『孟子』などに体系化された学問を儒学と言います。

孔子

↑↑ 儒学と儒教

儒学と儒教はほぼ同じものを指しているが、前者が孔子によって始められた学問体系全般を指すのに対し、後者は孔子以前から中国で伝えられていた**敬天思想**（宇宙の主宰者である**天**を敬う）や葬祭などの礼法を重んじる倫理思想・

政治思想を指し、儒学よりもやや広い。儒教では五経（『詩経』『書経』『易経』『春秋』『礼記』）がとくに根本教典として重んじられる。孔子以後の儒学および儒教では、五経のほかに四書（『論語』『孟子』『大学』『中庸』）も根本教典とされた。なお、『論語』は孔子の弟子たちがまとめたもので、孔子の著作ではない。

では、孔子先生ってどんな人だったんですか？

「子」は「先生」という意味だから、孔子というのは「孔先生」ということですね（本名は孔丘）。彼は周王朝の封建制を理想視し、世の乱れの原因を**礼法**が廃れたことに求め、その復興を目指しました。

中国の封建制では、君主と諸侯が血縁関係で結ばれているのが大きな特徴で、これによって国全体が和合していたとされます。ところが混乱の時代となり、

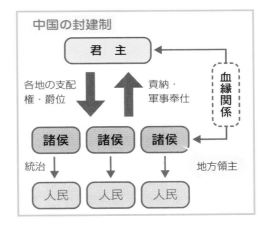

家族的な社会秩序も失われてしまった。孔子はこれを再興しようとしたのです。つまり、「**温故知新**」（過去をよく学ぶことで新しい知が得られる）の言葉に見られるように、孔子は何かを革新しようとしたというよりは、古きよきものを復活させようとしたと言えますね。

今日の日本で「封建制」といえば、「古き悪しきもの」のイメージですが、孔子にとっては、英君のもと人々が和合していた理想の体制だったのです。

では、孔子はどんな教えを説いたんですか？

孔子はさまざまな形で人の生きるべき道（**人倫**）を説きますが、その大きな特徴は、彼があくまで現世における**人間の生き方**や**社会のあり方**に関心を集中

- 「子、怪力乱神を語らず」
  （先生は、人智を超えた神秘的な事柄については何も語らなかった）
- 「未だ生を知らず、焉んぞ死を知らん」
  （私はいまだに人生についてすらわからないのだから、死についてはなおさらだ）

させているということです。つまり、目に見えない「真理そのもの」とか「あの世」などには関心を向けなかった。これはギリシア哲学やキリスト教などと大きくちがう特徴ですね。

孔子が説いた道とは、ひとことで言うと仁であるといえます。

そして仁とは**親愛の情**のことです。つまり、孔子における愛とはまずもって**親しい者への愛**を重視しました。「人類みな平等」などと言うけれど、現実には赤の他人よりは知人のほうが、そして知人よりは家族のほうが大事ですよね。このように、人が人である以上、当然にもっている**自然な感情**を、孔子は重視します。こうした自然な感情すら失われてしまったことが世の乱れの原因だと考えたのです。

 親しい者への自然な情愛が大事なのですね。でも、そもそも愛ってなんですか？

孔子によると、愛の基本は忠恕だとされます。忠とは自分を偽らないこと（＝まごころ）で、恕とは他者への思いやりのこと。要するに、仁とは**まごころから他者を配慮すること**、とまとめられます。

また、「孝悌なるものは、それ仁の本なるか（仁の基本は孝悌だ）」とも言われます。孝とは父母によく仕えることで、悌とは兄によく仕えること。つまり、**家族を何より大事にすべし**ということですね。

ここで大事なことを確認すると、儒家が説く愛は**身近な者**への愛でしたよね。そして同時に、彼らは**目上の人**への敬意を重んじる。だから、家族愛にしても上下関係の

> 「おのれの欲せざるところは人にほどこすことなかれ」
> （自分がしてほしくないことを人にしてはならない）

儒家の仁	身近な者への愛
	目上の人への敬意

ない「親子愛」「兄弟愛」ではないわけです。もちろん、目上の人が威張り散らすことを正当化する教えではありませんが、社会の秩序を整えるためには**上下関係**が大切だと儒家たちは考えたのです。

 なるほど。ところで、仁って心のあり方ですよね。行動はいらないんですか？

仁は単なる心がけではありません。内面的なよい心（＝仁）は、目に見える形で現れなくてはならない。それが礼です。たとえば、だれかに感謝するときには頭を下げる（お礼）でしょう（これができない人は「無礼者」と言われる）。

こうした礼儀作法をありとあらゆる場面で事細かく定めた社会規範が、儒家の「礼」です。孔子は「**己に克ちて礼に復るを仁と為す**（欲望を抑えて礼を実践することが、すなわち仁である）」（**克己復礼**）と述べています。つまり、内面的な仁と外に現れる礼の実践は表裏一体だとされるのです。

 ところで、その「礼」ってだれが決めたものなんですか？

　孔子が理想とした聖人である**周公旦**です。この人は、周王朝の創始者の弟で、兄を補佐しつつ礼法の基礎を築いたとされます。

　なお、徳（仁＋礼）を修得した人物のことを**君子**と言い、その究極至高の存在を**聖人**と言います。儒学というのは君子を目指す学だと言ってもいいでしょう（聖人は別格）。ちなみに、君子の反対は**小人**と言います。

ポイント ▶ 孔子が説く道の2つの側面

- **仁**：心の内面における**親愛の情**のこと
- **礼**：**社会規範**のこと。振る舞いにおいて**客観化された仁**

 ところで、道とは「社会のあり方」でもある、とのことでしたが。

　すべての人が徳を身につけたら完璧な社会が実現しますよね。でもそんなことは現実には不可能です。そこで孔子が提案するのが**徳治主義**です。これは、徳ある**君主**が政治を行うならば、その徳が**人民**に波及する、という考え方です。

　儒家は上下関係を重視するけれども、これは上に立つ者が人々を抑圧することを是認しているわけではありません。上に立つ者こそが率先して道徳を身につけていなければならない、という考え方なのです。逆に言うと、もし世が乱れて人心がすさんでいるとするならば、それはまずもって為政者の不徳が責められなければならない（不徳の致すところ）ということになります。

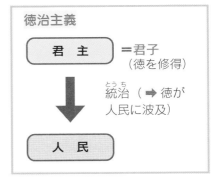

徳治主義

君主 ＝君子（徳を修得）

↓ 統治（➡ 徳が人民に波及）

人民

2 儒学の展開──孟子と荀子の思想

　孔子には3000人もの弟子がいたと伝えられます が、孔子没後の儒家は、しだいにさまざまな 立場に分かれていきます。そのさいにポイント になったのは、仁と礼のいずれを重視するかと いう点です。仁を重視する立場から出てきた最 大の思想家が孟子（前372ごろ～前289ごろ）で あり、礼を重視する立場から出てきた最大の思 想家が荀子（前298ごろ～前235ごろ）という ことになります。

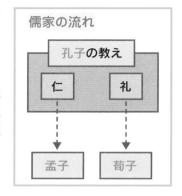

儒家の流れ

孔子の教え

仁　　礼

孟子　　荀子

孟子といえば性善説ですよね。

　そうですね。でも孟子はだれもが善人だと考えたわけではありません。孔子 が亡くなって100年ほどのちに生まれた孟子が生きた時代は、孔子の時代より さらに乱れていました。だから人の世に悪や不正が満ちていることは、彼にと って自明だったにちがいない。それでも孟子は、人間はみな生まれつき善の素 質をもっていると考えました。これはあくまで「素質」だから、だれもが実際 に善を実現できるわけではない。だれもが志望校に受かる素質をもっているか らといって、勉強せずにだれもが志望校に入れるわけじゃないですよね。

　孟子は、だれもが備える善の素質を四端の心と呼びます。これらは善の端緒 であって、これら四端の心を修養によって伸ばしていけば仁・義・礼・智と いう四徳が身につけられるとされます。

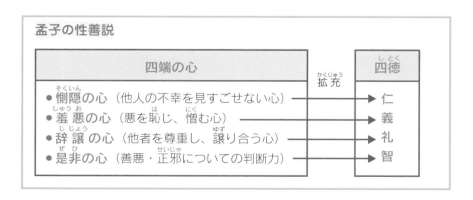

孟子の性善説

四端の心	拡充	四徳
● 惻隠の心（他人の不幸を見すごせない心）	→	仁
● 羞悪の心（悪を恥じ、憎む心）	→	義
● 辞譲の心（他者を尊重し、譲り合う心）	→	礼
● 是非の心（善悪・正邪についての判断力）	→	智

ちょっとお人好しすぎないですか？

　でも、たとえば震災で辛い目に遭っている人についての報道などを見ると、自分も何かできないだろうかと考えることはないでしょうか。実際に義援金を送ったりボランティアに駆けつけたりする人も大勢います。これは、私たちのなかの**惻隠の心**が動かされたと見ることができるでしょう。また、人を殺したら刑法第199条により罰せられるなどという知識がなくても、私たちは殺人が悪だと信じていますね。これは**是非の心**にもとづくと説明することができそうです。

　もちろん、こうした道徳をつねに完璧に実践するのは難しい。だからこそ、僕らは修養（道徳的なトレーニング）を重ね、道徳の種子たる四端の心を育て、四徳を身につけるよう努めるべきなのです。

 四徳が身についたらどうなるのでしょう？

　大丈夫になれる。これは道徳を身につけた人物という意味で、孔子の言う「君子」とほぼ同じです。「大きな丈の夫」と書きますが、中国では伝統的に文字どおり大柄な人が大人物と考えられてきたのです。大丈夫は**浩然の気**に満ちているとされます。浩然の気というのは、体の中からわいてくる道徳的活力といった意味です。

 孟子も、やはり上下関係を重視するのでしょうか？

　そりゃ、儒家ですからね。孟子は孔子の教えをいっそう細かく展開していて、人間関係に応じて求められる徳を5つに整理しています（**五倫**）。**父子**の**親**、**君臣**の**義**、**夫婦**の**別**、**長幼**の**序**、**朋友**の**信**。この5つ（親・義・別・序・信）をしっかりおさえたうえで、最後の朋友（友人関係）の**信**（信頼）だけが対等な人間関係だということをおさえておきましょう。

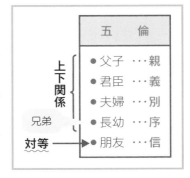

五　　倫	
● 父子 … 親	上下関係
● 君臣 … 義	
● 夫婦 … 別	
● 長幼 … 序	兄弟
● 朋友 … 信	対等→

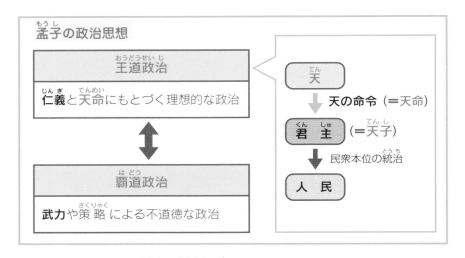

孟子の政治思想

王道政治

仁義と天命にもとづく理想的な政治

↕

覇道政治

武力や策略による不道徳な政治

天

↓ 天の命令（＝天命）

君主（＝天子）

↓ 民衆本位の統治

人民

　孟子の政治思想は、孔子の徳治主義をより具体的に展開したものと言えます。まず、為政者は**武力**でもって天下統一を目指す**覇者**であるべきではなく、民衆を大切にして**徳**でもって天下統一を目指す**王者**であるべきだとされるのです。前者を**覇道政治**、後者を**王道政治**といいます。

　王道政治の条件としてもう１つ、**天命**にもとづくという点が挙げられます。天命とは**天による命令**ということ。では、**天**とは何かというと、これはかなり抽象的な概念なんですが、自然現象と社会現象のすべて、つまり全宇宙の出来事を司る存在、とでも言うしかない。たとえば、地上に雨を降らせるのも天の意志、戦争を引き起こすのも天の意志のなせるわざ、というわけです（私たちも「運を天に任せる」などと言います）。孟子は、君主はこの天の意志（＝天命）にかなった人物（**天子**）でなければならないと言います。

 でも、現実の政治が天命どおりに行われているかどうかは、どうすればわかるんですか？

　孟子によると、天命は**民意**のうちに現れるとされます。つまり、民衆の支持がある君主は天命に忠実であり、民衆の支持を失った君主は天命からも見放されている、というわけです。

　もし君主が徳を失えば、天命にかなった人物へと君主を交替させる必要がある。これが**易姓革命**（天命が革まり、王朝の姓が易わる）です。

　革命には**禅譲**（みずから王位を譲ること）と**放伐**（武力による追放）の２種類があり、孟子はいずれをも是認している。力による政治（覇道）を否定した孟子が放伐を肯定しているのは注目に値します。孟子にとっては、何よりも

正しい政治が行われることが大事だったのでしょうね。

第 1 章

源流思想

> ## 荀子の思想
> ● **性悪説**　：人間の本性は悪 ➡ 修養なしに善は実現しない
> ● **礼治主義**：社会秩序の維持には外的な規範（＝礼）が必要
> 　　参考　弟子の**韓非子**を通じて**法家**に影響

　荀子は、孟子の性善説に反対して**性悪説**を唱えたことで知られますが、これも人間はみな悪人だということを言いたかったわけではなく、人間の本性（本来の性質）が悪だということを指摘しているにすぎません。荀子は儒家だから、人間が正しい生き方をするということを否定するわけはなく、正しい生き方をするためには教育などの手段で矯正することが必要だと説いたのです。彼は「**人の性は悪にして、其の善なる者は偽なり**」と述べています。善は人為的な手段によってのみ可能だということです。

　その手段というのが**礼**だというわけですね。

　そう。考えてみれば、私たちも親や学校の先生から、いろいろなしつけを受けて育ちましたよね（寝る前には歯を磨きなさい、など）。こういうのは放任ではなかなか身につきません。人間が欲望や安易な方向に流されやすいことを重く見ていた荀子は、人間がまっとうな道を進み、社会の秩序を維持するためには、聖人のつくってくれたルール（＝礼）を守るしかない、と考えたのです。これが**礼治主義**です。

　彼の教えは、弟子である**韓非子**を通じて**法治主義**に影響を与えました。

> ## ポイント　孟子と荀子
> ● **孟子**は性善説の観点から、善の素質（**四端の心**）を現実化させるための修養が必要だと説いた
> ● **荀子**は性悪説の観点から、悪の本性を矯正するための**礼**が重要だと説いた

7 古代中国の思想⑵

1 その他の諸子百家

　ここからは儒学以外の諸子百家について見ていきます。まずは、道家の思想から。これは老子（生没年不詳）と荘子（前 4 世紀ごろ）が大成した思想であることから、老荘思想とも言われます。

　イメージしやすいよう最初に乱暴にまとめてしまうと、儒家が厳しい自己研鑽を説く教えだったのに対し、道家は慌てず騒がず悠然と生きることを目指す立場です。中国では日夜勉学に明け暮れて立身出世することを尊ぶ考え方が一方にありますが、他方では都市の喧騒から離れた山里で気の向くままに生きる仙人のような暮らしへの憧れというものもあります。後者の気分が思想的に結実したものが老荘思想だと言えるでしょう。

　まず、老子の基本的立場は、**儒家の人為的道徳**を批判し、**自然との一体化**を説く点にあるといえます。次の言葉を見てください。

> 「大道廃れて仁義あり。知恵出でて大偽あり。六親和せずして孝慈あり。国家昏乱して忠臣あり」
> （おおいなる道が廃れてしまったから仁義が生まれた。知恵が生まれたから大きな虚偽が生まれた。家族が不和になったから孝慈が尊ばれるようになった。国家が乱れたからこそ忠臣が尊ばれているにすぎない）

　「道家」というくらいですから、老子はもちろん**道**について説くのですが、老子の説く道は、儒家の説く道とはまるでちがいます。ここで言われる「仁義」「知恵」「孝慈」「忠臣」は、いずれも儒家が大切にするものばかりです。しかし、老子に言わせれば、これらは本当の道（＝大道）が失われてしまったからこそ

生まれてきたものにすぎず、それ自体としてありがたがるべきものなどではない。言ってみれば、肥満が増えた不健全な社会でダイエット食品や健康法がもてはやされるようなもので、儒家の教えは本末転倒な教えだ、というわけです。

老子の説く「道」とは、儒家のように聖人のつくった人為的な規範ではなく、万物を育む根源的な自然そのものです。自然の世界には善悪といったものはあり得ないですよね（ヘビやゴキブリが悪者でパンダやカブトムシは善玉だといったことはあり得ない）。自然の世界には、すべて必然的な法則（＝道）があるだけです。ところが、人間だけはこの道に従わず、小賢しい知恵を身につけようとしたり、人為的な価値基準に従って不自然な行為に努めたりしようとする。こういうのをやめよう、つまり無為自然に生きようと、老子は言うのです。

何もせずダラダラ生きていいってことですか？

　……ちょっとちがいますね。

　自然には自然のリズムがありますよね。四季とか朝昼晩など。こうしたリズムに自己をシンクロ（同調）させるというイメージです。「無為」とは「何もしない」ことではなく、無理して不自然なことをしないということ。

　また、人間の理解を超えているという意味で、道は無であるとも言われる。人間はしょせん自然に生かされている

> 「道の道とすべきは常の道にあらず、名の名とすべきは常の名にあらず、無名は天地の始め、有名は万物の母」
>
> （これこそが道だと言えるようなものは、真の道ではない。これこそがそのものの名だと言ってしまえるようなものは、真の名ではない。天地がつくられる前には名はなく、それらは万物が現れてから名づけられたのだ）

存在にすぎないから、それをくみ尽くすことなどできるはずはない。人間が「これこそ道なり」などと名づけてしまったものは、本当の道ではない、ということです。

では、道に従った生き方とはどのようなものなのでしょうか。

　老子にとって理想の生き方は、「上善は水の如し」の言葉によく示されています。水はつねに低いほうに流れながら、万人に恵みをもたらしますよね。これと同じく、人間にとって最も望ましい生き方は、ひたすら謙虚で他人と争わないあり方だというのです。これは柔弱謙下とも言い表されます。つねに「おれがおれが」と目立ちたがるくせに他人に迷惑をかけてばかり、という困

った人がけっこういますよね。老子は、欲が人を誤った道に追いやることをよく知っていたから、満足することを覚える知足を重視しているのです。

　ところで老子は儒家ほど積極的に政治にかかわろうとはしませんが、老子にも政治思想があります。それが**小国寡民**です。老子によれば、天下を統一する大国などよりも、人口も少なく、**自給自足**できる程度のつつましい国が理想とされるのです。老子が単なる世捨て人ではなく、政治のあり方についても語っているという点はおさえておきましょう（このあとの荘子とはちがう点）。

荘子（前4世紀ごろ）

● **万物斉同**　　　　　荘子の世界観

　　人間界における善悪・美醜などの価値判断を無意味なものとして否定

　　　▶**胡蝶の夢、無用の用**

● **真　　人**　　　　　理想の人間像

　　自然の　理　と一体化し、人間世界の区別や差別を超越した境地（**道遙遊**）に達した人

● **心斎坐忘**　　　　　真人となるための修養法

　　心からいっさいの作為を排除し、自己の心身を忘れること

　老子とともに道家の確立者とされる**荘子**は、**相対主義**の世界観を明瞭に打ち出した人物です。人間が人を殺すのは間違いなく「悪い」行為ですね。でも、ライオンがウサギを食い殺すのはどうでしょう？　これは善でも悪でもなく、単に自然な行為なのです。荘子によると、人間がもっている善悪、是非、美醜、貴賤といった価値観はすべて人間が人為的にこしらえたものにすぎない（**万物斉同**）とされ、こうした差別を乗り越えた境地が目指されます。

　『マトリックス』という映画では、自分が生きるこの世界が現実なのか夢なのかわからなくなる、というテーマが出てきます。これは、じつは荘子が**胡蝶の夢**というたとえ話で示したものでもあります。チョウになった夢から醒めた荘子が、ふと「自分はチョウになった夢を見たつもりでいるが、本当は荘子になった夢を見ているチョウなのではないか」と考える。結局、そもそも夢と現実の区別など無意味であって、あるがままの世界をあるがままに生きればよいとされるのです。

　こうして荘子は、有限な人間の知恵で何ごとも決めつけるべきではない、と強調します。たとえば、僕らが戯れに行う雑談などは一見すると無駄なよう

だが、長い目で見れば、円滑なコミュニケーションに資するなど、十分に意味があるばかりでなく不可欠なものであることがわかります。こうしたことを、荘子は**無用の用**(一見すると無用なものが、じつは有用)と言い表しています。自然には無駄なもの、無用なものはいっさい存在しないのです。

 そして「万物斉同を認識した人が、**真人**というわけですか?」

　そう。**真人**は荘子にとっての理想の人間像で、あらゆる人間的な区別を超越した自由な存在です。自然と戯れるこの**逍遥遊**の境地にたどり着くには、心を無にして(心斎)、自己を道にすっかりゆだねる(坐忘)修行(**心斎坐忘**)が必要です。

　説明を聞いてわかったかと思いますが、老荘思想は仏教と通じるところが多いですね。中国のほとんどの思想は現実の政治と格闘する教えですが、老荘思想は自然のなかに身をゆだねることで心身の安らぎを確保しようという教えなのです。

⤒⤒ 道　教

　老荘思想をもとに、中国の伝統的な**民間信仰**(不老長寿を求める**神仙思想**など)が加わって形成された宗教を**道教**と言う。中国では、儒教、仏教とともに三大宗教に位置づけられている。

次に、儒家と道家以外の諸子百家も見ていきましょう。

- **墨　家**
  - 墨子(前470ごろ〜前390ごろ)が創始
  - **非攻**:侵略戦争の否定(自衛のための戦争は肯定)
  - **兼愛**:儒家の愛を「**別愛**」と呼んで批判、万民平等の愛を説く
- **法　家**
  - **韓非子**(?〜前233)が大成
  - 法律と刑罰による**信賞必罰**の政治を主張

　古代中国の思想家のうち、儒家と道家以外でとくに重要なのが**墨家**です。**墨子**が創始したこのグループは強力な結束を誇り、戦国時代には儒家と勢力を二分するほどの影響力をもっていたと伝えられます。

墨子はもともと儒学を学んでいましたが、彼らの仁が親疎の別（親しい者とそうでない者の区別）を設ける差別的な愛（＝別愛）であったことに満足できず、万人をへだたりなく愛する兼愛を提唱しました。

　平等な愛という点では、キリスト教とも似ていますね。でも、墨家の兼愛は必ずしも自己犠牲を説くものではなく、分けへだてなく愛することでお互いの利益が実現する（**交利**）という相互扶助の意味合いがあります。それから、侵略戦争を断固として否定する議論（**非攻**）も重要です。ただし、戦争一般を否定するわけではない。自衛のための戦争は肯定します。それどころか、じつは墨家は軍事のプロ集団でした。あくまで「専守防衛」の立場ですが、兵術や最新兵器を駆使して弱小国の守備戦に命をかけました（頑固に守ることを意味する「墨守」という語は、彼らの立場に由来する）。墨子は、一人を殺すのは犯罪なのに、戦争で大量殺戮をすることが許されるはずはない、と述べています。

　そのほか、彼らは天命思想を否定（非命）したり、豪華な葬儀を批判（節葬）したりと、儒家とはことごとく対立して非常に近代的な発想を説いた驚くべき思想家集団だったのです。

　韓非子は荀子の弟子ということでしたが、荀子が礼の作法によって人間の善を実現しようとしたのに対し、韓非子の大成した法家になると、もう人間の善を実現することには関心が向けられなくなる。この立場にとって大切なのは、**法律と刑罰**によって社会秩序を維持することだけです。

　身もフタもない教えですが、乱世に終止符を打ち、中国に統一王朝を実現したのは、法家の教えを取り入れた秦王朝だったのです。

　以上が主な諸子百家ですが、そのほか、「敵を知り己を知れば百戦危うからず」などの言葉で有名な孫子などは、今日のビジネスパーソンにも人気ですね。

2 新 儒 学——朱子学と陽明学

　中国思想の最後に、**新儒学**と総称される２つの潮流、**朱子学**と**陽明学**を見ておきましょう。

　孔子や孟子らが説いた儒学は、もともと人の生き方、世のあり方を具体的に説く現実的な処世訓という性格の強いものでした。ところが、それから千数百年後に現れた新儒学は、自然現象から人間の道徳までをすべて包括的に説明する壮大な哲学理論へと変貌しています。これを発展ととるか堕落ととるかは評価が分かれていますが、とくに朱子学は、朝鮮半島や日本に絶大な影響を与えており、思想としての影響力はきわめて大きいと言えます。

　　では、朱子学からお願いします。

　朱子学は宋王朝の時代の儒者である**朱子**（**朱熹**、1130～1200）が大成した学問体系です（だから、**宋学**とも言われる）。漢代に国教とされたあとの儒学が訓詁学的に古典の注釈に終始しがちだったのに対し、朱子はきわめて体系性の強い哲学理論を打ち立てました。

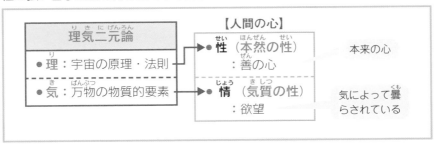

　まず、宇宙のすべては、物質的な要素である**気**と、非物質的な原理・法則としての**理**から成り立っているとされます（**理気二元論**）。五感でとらえられるものが気で、五感ではとらえられないけれども確実に存在する法則のようなものが理です。

　次に、朱子はこの理屈を人間の心にもあてはめます。孟子が指摘したように、人間の本来の心（**本然の性**）は善をなす意欲に満ちた純粋なものです。とこ

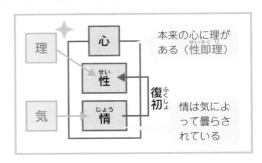

ろが、現実の人間は肉体（気）をもつがゆえに、その心はさまざまな欲望に曇らされてしまっている（**気質の性**）。つまり、朱子は荀子が指摘したような悪の心もうまく説明しているわけです。このように心の乱れ（情）を気に由来するものとし、善の心（性）こそが理であるとするのが**性即理**の立場です。あるべき心の姿がはっきりした以上、次に必要なのは、情（気質の性）を清めて性（本然の性）へと復することです（復初、復性復初）。

心を清めるためにはどうすればいいのでしょう？

ひとつは、精神の集中ですね。気が散って仕事が手につかないときには、とりあえずスマホをどこかに片づけて、しばらく目を閉じてみましょう。こうした**静坐**などにより心を鎮めて修養することを**居敬**と言います。

もうひとつは、儒教経典の読書などにより万物の理（法則）をわがものとすること（**窮理**≒**格物致知**）です。

この**居敬窮理**により心を本来のあり方に復すことを目指す教え、これが朱子学というわけです。なお、朱子は、このように自分を厳しく整えるならば、家族も国家も安泰になると説いています（**修身・斉家・治国・平天下**）。

↑↑ 四書五経

儒教でとくに重視される**四書**と**五経**の総称。五経は『**易経**』『**書経**』『**詩経**』『**春秋**』『**礼記**』の５つ。四書は『**論語**』『**孟子**』『**大学**』『**中庸**』の４つだが、このうち『大学』と『中庸』はそれぞれ『礼記』のなかの一篇だったものを朱子が取り出し、『論語』『孟子』と並べて四書と位置づけた。

では、次は**陽明学**ですね。

陽明学は明王朝の時代の儒学者である**王陽明**（1472～1528）が創始した儒学の一派です。朱子よりもさらに300年以上あとの人で、彼が生まれたころの日本は、応仁の乱の時代でした。

王陽明は、若いころに朱子学を懸命に学んでいたのですが、朱子学が心を性と情にすっぱりと分離してしまう点にどうしても満足できなかった。そこで、彼は、心をまるごと肯定し、そこに理が宿っている（**心即理**）としました。

　朱子学と陽明学の決定的なちがいは、「理」がどこにあると考えるかという点にあります。**朱子の立場**では、理は人間の心を含めた万物すべてに宿っている。だから、心を正しくするためには一物一物に宿る客観的な真理を研究することが求められます。これに対して、**王陽明の立場**では、理は心のなかだけにある。心のなかの善い側面（性）と悪い側面（情）を分離するようなことはせず、全体としての心に宿っている理を完成させることが目指されるのです。これが心即理の立場です。

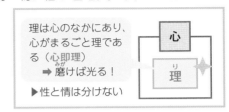

理は心のなかにあり、心がまるごと理である（心即理）
➡ 磨けば光る！
▶ 性と情は分けない

心
理

> どうすれば、心の理が完成するんですか？

　かつて孟子が強調していたように、人間はみな生まれつき正しい心（**良知**）をもっている。磨けば必ず輝く鏡のようなものをだれもがもっているということです。

　でも、それを本当に発揮できるかどうかは本人しだいです。だから、日々の生活のなかで絶えずこの良知を磨く（**事上磨錬**）ことが求められる。そして、これは、朱子学者のように書物を読むだけでは実現できず、**実践**が不可欠です。実践によって良知（＝善）が実現することを**致良知**といいます。

　朱子学がどちらかというと世界を観想的にとらえる立場だったのに対し、このように陽明学はとにかく実践重視の立場。なぜそうなるのかというと、陽明学においては**知ること**と**行うこと**はいずれも**心の働き**であって、表裏一体とみなされている（**知行合一**）からです。

　難しいと思うけど、王陽明の思想は日本人にも多大な影響を与えていますよ。

8 西洋近代思想の成立

この項目のテーマ

1 ルネサンス
ピコ、マキャヴェリ、エラスムスの三人の思想がとくに重要！

2 宗教改革
ルターとカルヴァンによる信仰の純化とは？

3 科学革命
近代科学の基礎を築いた人々の業績を確認しよう

1 ルネサンス

さあ、ここからは西洋近現代思想についてです。西洋近代思想には理性への信頼にもとづく**個人主義**、**合理主義**、**自由主義**といった特徴があります。そして、こうした特徴をもつ近代思想は、ルネサンスと宗教改革の２つ、あるいはこれに科学革命を加えた３つがきっかけとなって生み出されたと言えます。なぜそうしたことが言えるのか、順に見ていきましょう。

 まずは**ルネサンス**からお願いします。

ルネサンスとは、**古典研究**に裏づけられた**人間性解放の運動**である、と定義できます。「ルネサンス」とはもともと「再生」とか「復興」を意味するフランス語で、イタリアに始まりヨーロッパ各国に広まった14〜16世紀の文化的運動のことです。

ここで言う「古典」とは、古代ギリシアやローマの文芸・美術・思想などを広く指しています。ヨーロッパの中世は基本的にローマ・カトリック教会とキリスト教が社会を支配する時代で、**神を中心とする価値観**が浸透していました。ところが、イスラーム勢力から聖地エルサレムを奪還しようという**十字軍の遠征**（11〜13世紀）が失敗に終わり、教会の宗教的権威はおおいに失墜します。他方で、そのころにはしだいに商人ら**新興市民階級**が勢力を増し、新たな時代の羅針盤が求められるようになってきました。そんななかで、ヨーロッパ人は

古典文化を再発見したのです。

　では、なぜ古典文化が見直されたのか？　それは、中世では絶対的な**神の権威**とくらべて人間は卑小（ひしょう）で取るに足らないものとされていたのに対し、古典時代では**ありのままの人間**が賛美され肯定されていたからです。たとえば叙事詩では、運命に抗（あらが）う人間の英雄的な奮闘が描かれていたし、彫刻における人間は堂々たる裸体ばかりでした。

　ルネサンス期の、絵画作品では、世界を奥行きのある遠近法によって表現するスタイルが確立します。遠くのものを小さく、手前のものを大きく描く技法ですね。中世の絵画はのっぺりとしたものに見えますが、それはいわば**神の視点**から描かれたものだからです。これに対してルネサンス絵画は**人間の視点**からとらえられた世界像が、数学的な計算のうえに描かれています。つまり、ルネサンスとは**神中心主義**から**人間中心主義**への転換とも言えるのです。

【古典時代(ギリシア・ローマ)】	【中　世】	【ルネサンス】
裸の人間が美しいとされた	神中心の時代	再び人間性を賛美する時代に

　古典の教養を身につけ、人間性（フマニタス）の解放を目指した人々を**人文主義者**（じんぶんしゅぎしゃ）と言い、彼らの思想的立場である**人文主義**（フマニズム、ヒューマニズム）こそがルネサンスの精神だと言えます。彼らは真理と美を探究し、人間を多方面から理解しようとしました。だから、この時代においては、絵画・彫刻（ちょうこく）・建築・医学などあらゆる領域をきわめた**レオナルド・ダ・ヴィンチ**のような**万能人**（ばんのうじん）が理想視されたのです。ダ・ヴィンチは遠近法の完成者としても知られていますよね。

　これらはいずれもイタリアの文芸作品です。どれも、けっして反キリスト教の立場ではありませんが、人間が単なる神の僕ではなく、それ自体の価値をもった存在であることが示されています。

思想家としてはどんな人がいたんですか？

　とくに大事なのはピコ・デラ・ミランドラ、マキャヴェリ、エラスムスの3人です。

ピコ・デラ・ミランドラ（伊、1463〜94）

　人間をほかの動物から区別する点は自由意志の有無にあると主張。

「汝、人間は最下級の被造物である禽獣に堕落することもあり得るが、汝の魂の決断によって神的な高級なものに再生することもできるのである」　　　　　　　　　　　　　　　　（『人間の尊厳について』）

マキャヴェリ（伊、1469〜1527）

● 主著『君主論』において宗教（道徳）と政治を分離
● 「獅子の獰猛さと狐の狡猾さ」を併せもつ君主が理想的と主張

　ピコ・デラ・ミランドラは人間の尊厳の根拠を自由意志に求めました。たとえば、私たちは努力して成功を勝ち取った人のことを尊敬しますが、宝くじに当選した人のことはとくには尊敬しないですよね（うらやましいとは思いますが）。つまり、私たちは人間の価値は家柄や運によってではなく、自分の意志と責任において行為した結果によって決まると考えています。アウグスティヌスは自由意志による善に否定的だったけど、ピコはこれを肯定し、そこに人間のすばらしさを見出しているのです。

　マキャヴェリは、「近代政治学の祖」とも位置づけられる巨人で、政治の本質が道徳ではなく力にあることを見抜き、それを自覚すべきことを主張しました。善良だが決断力に乏しい君主は、外国からの侵略を招くかもしれない。マキャヴェリによると、そんな軟弱な君主よりは、一見すると残忍であっても断固

たる決断力と**運命**に抗う強い**意志**をもち、非道徳的な手段を使ってでも国益を守れるような力強い君主が望ましいとされます。

　冷酷な主張に見えるかもしれないけど、たとえば戦場で一人の負傷兵を助けるために部隊を全滅させてしまうような指揮官を考えてください。たしかに「いい人」かもしれないけど、有能な指揮官とは言えないですよね。マキャヴェリは、道徳や善意だけじゃ世の中を動かせないことを知り抜いていました。

エラスムス（蘭、1466〜1536）
- 主著『痴愚神礼讃』でカトリック教会の腐敗と堕落を批判
- ギリシア語原典の『新約聖書』を校訂し、出版
- 自由意志を擁護し、**ルター**と論争
　▶親友に、『ユートピア』を書いたトマス・モアがいる

　ルネサンス最大の人文主義者と言えるのが**エラスムス**です。彼は現在のオランダで生まれ、イギリス、イタリアなど各地で活躍しました。人文主義者としての彼の最大の業績は、当時一般的だったラテン語訳の『新約聖書』をギリシア語原典から校訂し、これを出版したことです。これによって宗教上の真理が教会の独占物ではなくなったと言えます。

　また、彼は『痴愚神礼讃』というユニークな本を書いたことでも有名です。これは愚か者の女神というヘンテコな主人公が自画自賛するという体裁で、教会を含めた人間社会の愚かさを風刺した作品です。カトリック教会は激怒して、これを禁書にしています。

　なお、彼自身は終生カトリック教会を離れることはありませんでした。そして、教会の堕落を批判するという点で、当初は良好な関係だった**ルターと自由意志論**をめぐり激しく対立してしまいます。人文主義者としてのエラスムスは、自由意志までを否定することには我慢できなかったんですね。

🔼🔼 モラリスト

　おもに**箴言**（断片的な文章・警句）のスタイルで人間への深い省察を行った思想家をモラリストと言い、その代表に**モンテーニュ**や**パスカル**らが挙げられる。
　ユグノー戦争（カトリックとプロテスタントの宗教戦争）に心を痛めた**モンテーニュ**（1533〜92）は、主著『エセー（随想録）』のなかで、宗教的な**寛容の精神**の重要性を強調した。彼はこの主張にあたり、人々が不当に自説に固執することに問題があるとして、ソクラテスの「無知の知」を範にとり、「**ク・セ・ジュ（私は何を知るか？）**」との自問をみずからのモットーとした。

2 宗教改革

　イタリアでルネサンスの運動が一段落したころ、ヨーロッパの北部では宗教改革の動きが起こっていました。どんな権力でも長く続くと堕落してしまうものですが、当時のカトリック教会はまさにそうした状況にあり、教会の収入源として罪を軽減するための贖宥状（免罪符）を販売したり、聖職者の地位自体が売買の対象になったり（僧職売買）している有様でした。そんな状況に対して異議を唱え、信仰の純化を目指したのが宗教改革の運動です。

ルター（独、1483〜1546）　　　　　　　　贖宥状の販売などへの批判

- 主著：『**キリスト者の自由**』。1517年に「**95か条の論題**」を発表
- 信仰義認説：人は内面的な信仰のみで義と認められる（➡ **信仰のみ**）
- 聖書中心主義：信仰の拠りどころとしての教会や聖職者を否定

　　　　　（➡「**聖書**」のみ）　　▶「聖書」のドイツ語訳を刊行

　　　　　　　　　　　　　　　　　　　　　　　　聖職者の宗教
　　　　　　　　　　　　　　　　　　　　　　　　的特権を否定
- 万人司祭主義：神の前ですべての信者は平等
- 職業召命観：世俗の職業はすべて神による召命（使命）

　宗教改革の主役は何と言っても**ルター**で、彼は1517年にローマ教会による贖宥状の販売などに対する公開質問状（「**95か条の論題**」）を貼り出し、これが宗教改革の発端となりました。彼自身はこの段階でカトリックから離脱する意図はなかったのですが、ローマ教会側はルターの破門を通告して、逆にルターは破門状を焼き捨てるに至ります。このときルターに同調してカトリックに抗議した人々が、のちに**プロテスタント**と呼ばれるようになったのです。

ルター

　ルターはどんなことを主張したのですか？

　彼の主張の核心は、「人は**信仰のみ**で救われる」という信仰義認説で、とくに目新しいものではありません。なぜなら、これはかつてパウロが説いた教えそのものだから。とはいえ、当時のローマ・カトリック教会ではこれが見失

われていました。そこで、何かしらの**行為**による救済というのはあり得ないということが強調され、「**信仰のみ**」がプロテスタントのスローガンとなりました。

　もっとも、信仰内容がデタラメであってはまずい。そこで信仰の拠りどころは「聖書」だけであるとされました（**聖書中心主義**）。でも、当時の「聖書」はラテン語で書かれていたため、民衆は読めません。そこで、ルターは「**聖書をドイツ語に翻訳**」し、民衆が信仰の世界に直接入れるようにしたのです。

　もうひとつ、プロテスタントの大きな特徴に、**万人司祭主義**が挙げられます。ここで言う「司祭」とは「神の僕」といった意味で、キリスト者はすべて神と直接につながっているとの考え方です。だから、プロテスタントの教会で礼拝を司る**牧師**は、カトリックの**神父**とはちがい、聖職者ではない。あくまで信者のリーダーといった位置づけなのです。ちなみに今日でも、神父は結婚が許されませんが、牧師は結婚できます。これは両者の位置づけのちがいに由来しているのです。

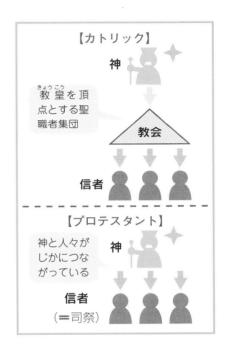

【カトリック】
神
教皇を頂点とする聖職者集団
教会
信者

【プロテスタント】
神と人々がじかにつながっている
神
信者
（＝司祭）

👆 『キリスト者の自由』

　ルターは主著『**キリスト者の自由**』のなかで、「**キリスト者はすべてのものの上に立つ自由な主人であって、だれにも従属していない**」と言い、同時に「**キリスト者はすべての者に奉仕する僕であって、だれにも従属している**」とも述べている。一見すると相矛盾する命題のようだが、第1の命題では、行いではなく信仰によって義と認められ自由となることができるということが指摘され、第2の命題では、キリスト者は信仰で満ち足りていることから万人に奉仕（隣人愛の実践）できるということが示されている。

> カルヴァン（仏、1509～64）
> ● 主著：『**キリスト教綱要**』
> ● 予定説：救われる者とそうでない者は 予 め決定されている
>   ▶禁欲的・勤勉な生活 ➡ 救いへの確信
> ● 職 業 召 命 観：職業は神に与えられた使命
>   ∴すべての職業は等価値、**利 潤** は神による恵み

カルヴァンは、ひたすら**神の栄光**を賛美する立場から、かつてアウグスティヌスが唱えていた**予定説**をあらためて強調しています。つまり、だれが救われてだれが救われないかは、世界の主宰者たる神が予め決定している、という立場です。

> でも、そうだとすると、まじめに信仰しても意味がないということになりませんか？

そう考えたくもなりますよね。事実、カトリックなどでは予定説は否定されているし、プロテスタントでも予定説を採用している宗派はけっして多くない。でも、**神の絶対性**を強調する立場から、カルヴァンは、これを譲らなかった。それに、信仰に生き禁欲的な生活を送り続けるならば、**自分が救われるという確信**を得ることはできる。それで十分だとすべきなのです。きっと、カルヴァン自身は自分が救われるという確信をもっていたのでしょう。

それから、ルターも主張していた**職業召命観**が、カルヴァンではとくに強調されています。「**召命**」には「神による命令」といった意味があり、要するに自分の世俗的な職業が神によって与えられた使命（＝天職）だと理解する考え方です。これは必然的に「職業に貴賤なし」ということを意味します。

> では、金もうけも肯定されることになるのですか？

もちろんお金もうけが目的になってしまっては本末転倒ですが、職業活動の結果として豊かになること自体は信仰の 証 として肯定されます。

ちなみに、この点に注目したのが19世紀から20世紀にかけて活躍したドイツの大社会学者マックス・ウェーバーで、彼は主著『**プロテスタンティズムの倫理と資本主義の精神**』で、利潤追求がカルヴァン主義によって宗教的に正当化されたことが、資本主義の発展を思想的にあと押ししたと論じています。勤勉に蓄積しないことには、資本主義はあり得ないですからね。

↑↑ カルヴァンの神権政治

カルヴァンはスイスのジュネーヴで宗教改革運動を展開し、のちに市政の実権を握るに至る。そこで彼は厳格な宗教的規律にもとづく体制を敷き、反対派を火刑に処するなど、厳格をきわめる統治を行った。

ところで宗教改革は、**神の絶対性**を強調する思想運動であるとともに、教会組織という外的な権威によらない**内面的信仰**への道を開いた運動でもありました。したがって、ルネサンスと同様に、宗教改革も、自律的に考え行動する近代的自我を思想的に準備した運動だとみなすことができるのです。

ポイント ▶ 宗教改革

- ルターに始まる宗教改革は、**内面的信仰**を重視することで、近代的自我を準備した
- カルヴァンは、救われる人とそうでない人があらかじめ**予定**されていることを強調しつつ、**神の栄光**のために勤勉で禁欲的生活をするよう説いた

3 科学革命

　高校生が勉強しているのは、大学に行くという「目的」があるからであり、僕が毎日歯を磨いているのは、虫歯を防ぐという「目的」があるからです。このように、人は自分の**目的**によって自分のあり方を決めることができる。これと同様に、自然もまた固有の目的を実現するように秩序づけられているとするのが<u>目的論的自然観</u>です。たとえば、太陽が存在するのは人間そのほかの生命が生きられるようにするためだ、というように考える。中世ヨーロッパではこうした自然観が支配的でしたが、近代思想が形成される過程で、この自然観はしだいに衰退していきました。

自然観の転回　　　　　神の意図によって世界を説明

- **古代・中世的自然観**
  - 宇宙の秩序は神が**合目的的**に創造した（**目的論的自然観**）
  - 地球は宇宙の中心（**天動説**）
- **近代的自然観**
  - 事物の運動を**機械的な因果関係**に還元（**機械論的自然観**）
  - 地球は惑星の1つ（**地動説**）

　目的論の考え方は**アリストテレス**が定式化したものですが、これは**キリスト教**の考え方にとっても非常に都合がよかった。森羅万象を**神の意志**（意図・目的）によって説明できますからね。でも、力学の研究などが進んでくると、自然現象を説明するためにいちいち神の意志をもちださなくてもいいのではないかという疑問が出てきました。そこで、現象の背後にある神の意志というものを棚上げして、現象を成立させている**法則**を明らかにしようという気運が高まってきたのです。こうして成立したのが<u>機械論的自然観</u>で、この考え方は「**自然という書物は数学の言葉で書かれている**」という<u>ガリレオ・ガリレイ</u>の言葉に象徴的に示されています。この機械論は、**万有引力の法則**を発見した**ニュートン**が理論的に完成させ、次項目で説明する**デカルト**も、この立場の代表的哲学者です。今日の私たちが勉強してきた理科などは、間違いなく機械論的自然観にもとづく学問です。

 宇宙論でも大きな転回があったんですね。

　じつは、古代ギリシアにも<u>地動説</u>の主張はありましたが、中世のキリスト教

では地球が宇宙の中心だという**天動説**が公認の学説になっていました。でも、以下の人たちの議論によって、少しずつ地動説に取って代わられていきます。

地動説の展開

- コペルニクス：著書『天体の回転について』で**地動説**を提唱
  - ▶ただし、完全な**円運動**を主張
- ケプラー　　：**観測データ**をもとに地動説を支持、「**楕円軌道の法則**」を含むケプラーの法則を発見
- **ブルーノ**　：地動説と**宇宙の無限性**を主張、宗教裁判により**火刑**
- ガリレイ　　：● **慣性の法則**・**落体の法則**➡近代物理学を基礎づけ
  - **天体望遠鏡** による観察
    - ➡『**天文対話**』で地動説を支持
    - ➡**宗教裁判**で有罪とされ、地動説の放棄を宣誓させられる
- ニュートン　：**万有引力の法則**により古典力学を完成
  （地動説の証明）

　ここに挙げた人たちがいずれもキリスト教を否定する意図はもっていなかったことは、注目に値します（コペルニクスは司祭、ブルーノは修道士だった）。とくにコペルニクスは、神が創造した宇宙を最も簡潔に説明できる理論を求めて地動説にたどり着いたのであって、のちのケプラーやガリレイが観測データを重視したのとは大きなちがいがあります。また、近代科学の祖と言われるニュートンも神による世界創造にはまったく疑いを抱いておらず、**錬金術**に傾倒するなど、今日からは**非合理的**とみなされる側面があったことがわかっています。

⬆⬆ パラダイム論

　20世紀の**科学史家トマス・クーン**は、17世紀における宇宙論の転回などの**科学革命**を分析し、これらは単純に人類の知識が連続的に増したことを意味するのではなく、天動説という古い**理論的枠組み（パラダイム**）が地動説という新しい理論的枠組みへと取って代わられた出来事（**パラダイム・シフト**）であると主張した。

　パラダイムとは理論の枠組みのことで、クーンによると、科学者を含めて人はこうしたパラダイムの内部で思考するが、従来の枠組みで説明できない事実が確認されると、これを説明するために新たな枠組みが採用されていくとされる。

9 西洋近代哲学

この項目のテーマ

1 ベーコンとデカルト
経験論と合理論の基本的な考え方をよく理解しよう

2 経験論の展開
ロック、バークリー、ヒュームは経験論をどう発展させた？

3 合理論の展開
スピノザとライプニッツはデカルトをどう批判したか？

1 ベーコンとデカルト

中世のキリスト教世界では、「聖書」に書かれていることがすべて真理とされました。ところが、ルネサンスや科学革命などをきっかけに、自由な精神でものを考える動きが強まります。ここに花開くのが、17世紀以降に展開される**西洋近代哲学**です。なかでも、イギリスで発展した思想的伝統を（**イギリス**）経験論、フランスやオランダなど大陸諸国で発展した思想的伝統を（**大陸**）合理論と言います。

西洋近代哲学の二大潮流

- 経験論　● 感覚でとらえられた経験を重視　▶帰納法により法則を導出
  - ● イギリスで発展　例　ベーコン、ロック、バークリー、ヒューム
- 合理論　● 理性による合理的推論を重視　▶演繹法にもとづく推論
  - ● 大陸諸国で発展　例　デカルト、スピノザ、ライプニッツ

中世のスコラ哲学は、ひたすら理論の精密さと論理的な一貫性を追い求めました。だから、スコラ哲学にとっての学問的方法は**演繹法**です。

演繹法とは、議論の**前提**から合理的推論によって論理必然的な**結論**を導こうという方法のことですね。りんごが２個あって、１個食べてしまったとしたら、残ったりんごは１個ですよね。実際に数える必要はない。このように、演繹法は論理的に正しい結論を出すことのできる方法です。

　ところが、演繹法にも問題がある。それは、演繹法は論理的に正しい結論を出せるけど、**新しい発見**を何ももたらさないということです。たとえば右の例では、あたかも２つの前提から「ソクラテスは死ぬ」という結論がわかったかのようになっていますが、実際に

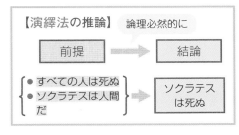

は、「すべての人は死ぬ」という前提のなかにこの結論は含まれていたはずです。だって、ソクラテスが死ぬことが明らかでなければ「すべての人は死ぬ」なんて言えなかったはずですよね。というわけで、演繹法は未知の事実を発見するのには役に立たない。

　これに対して経験論は、知識の源泉を感覚**によってとらえられた経験**に求めました。つまり、「百聞は一見にしかず」のことわざどおり、自分の五感でじかに確認した知識を信頼しようとするのです。

> 目で見たり耳で聞いたり、というのを重視するんですね。

　そのとおり。とはいえ、一回限りの個別の経験がつねに正しいとは限らない。だから経験論者は、**観察**や**実験**によって数多くのデータを収集し、そこから帰納法によって**一般法則**を導出しようとしたのです。

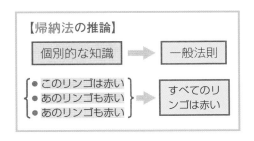

　情報量の増えない演繹法に対し、帰納法を新しい学問として提唱したのが、**イギリス経験論の祖**と言われる**ベーコン**（1561〜1626）です。

ベーコン（1561〜1626）　…イギリス経験論の祖

自然に関する
知を獲得

「知は力なり」

● 自然を支配
● 生活を改善

帰納法を用い、**イドラ**を排除すべし

　ベーコンは主著『**ノヴム・オルガヌム**』のなかで、**観察**と**実験**で得られた知識を重んじ、これを**帰納法**によって一般法則化するという**新しい学問**の方法を提唱しました。

　彼が目指したのは、学問によって人間の生活を改善させることでした。そのためには、自然についての正しい知を獲得することで自然を支配・征服することが必要だと言います。気象学や土木学によって洪水を予防することなどをイメージしてもらうといいでしょう。

ベーコン

　右の引用文は、「**知は力なり**」と要約される言葉のもとの表現です。なお、こうした**自然の支配**という発想は西洋近代哲学にきわめて特徴的なものなのだけれども、環境問題が深刻化した20世紀以降

> 「人間の知識と力とは合一する。……というのは、自然は服従することによってでなければ、征服されえない……からである」
>
> （『ノヴム・オルガヌム』）

には、人間の傲慢さ（≒**人間中心主義**）を示す事例として批判的に言及されることが多くなっています。

　なるほど。でも経験が間違うことだってあるんじゃないですか？

　そうですね。

　じつはベーコンは、人間の知性がおちいりがちな罠にも注意を促していて、これを**イドラ**と呼んでいます。イドラとは正しい認識を歪める**偏見**あるいは**先入観**のことです。

四つのイドラ

- **種族のイドラ**：人間に共通する偏見　**例**　目の錯覚
- **洞窟のイドラ**：生育環境に由来する偏見　**例**　井の中の蛙
- **市場のイドラ**：言葉づかいの誤りで生じる偏見　**例**　うわさ話
- **劇場のイドラ**：伝統・権威への盲信による偏見　**例**　天動説

ポイント　ベーコンの経験論

- 自然についての知を獲得することで自然を支配できると主張
- 正しい知を獲得するには**イドラ**の排除が必要と主張

　ところで、じつは帰納法には大きな難点があります。たとえ実験を100回やっても100万回やっても、その次に異なる結果が出る可能性はありますよね。経験によって獲得される知識はどこまで行っても「たぶんそうだろう」という程度の知識（蓋然的知識）でしかない。つまり、帰納法は新しい情報をもたらしてくれる代わりに、論理的な正しさを保証しないのです。

　そうした難点を重視したのが**合理論**です。この立場は、確実な真理を獲得するためには、経験よりも**理性**による**合理的推論**に頼るべきだと考えます。この「合理的推論」にあたるのが、もちろん**演繹法**です。

じゃあ合理論はスコラ哲学と同じですか？

　通じるものはあります。でも合理論は、スコラ哲学にとっての前提が疑わしいと考え、より**確実な原理**から議論を組み立てようとするのです。演繹法は前提が正しければ結論も正しいというものだから、前提の正しさがとても大事になりますよね。そこにこだわり抜いたのが、合理論哲学の祖と位置づけられる**デカルト**（1596〜1650）です。

　フランスで生まれオランダなどで活躍したデカルトは、**「近代哲学の父」**とも言われていて、良きにつけ悪しきにつけ西洋近代哲学のパラダイムをつくり上げた哲学者としてきわめて重要な存在ですよ。

さて、デカルトの主著『方法序説』は、「良識（ボン・サンス）はこの世で最も公平に配分されている」という言葉で始まります。「良識」は「理性」と同じ意味です。つまり、世の中に頭のよい人とそうでない人がいるというのは間違っている、というわけです。

だから、たとえば成績の悪い人は、デカルトに言わせると、**理性の使い方**が悪いのです。同じようにこれまでの誤った学問は理性を正しく用いる**方法**を欠いていた。建物を安全にするためには確実な土台が求められるのと同様に、学問も**確実な原理**に基礎づけられる必要があるというわけです。

デカルト

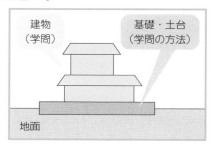

四つの規則

デカルトは、正しい学問をつくるための確実な方法は以下の4つの規則に還元できると考えた。
- 明証の規則：明らかで疑い得ないもの（**明晰判明**）だけを受け入れる。
- 分析の規則：問題をできるだけ小さい部分に分割すること。
- 総合の規則：最も単純なものから複雑なものへと考察すること。
- 枚挙の規則：見落としがないか見直すこと。

では、どうすれば確実な原理が求められるんですか？

それは、**少しでも疑い得るものをすべて排除すること**によって、可能になります。絶対に確実なものを発見するために、「たぶん正しいだろう」みたいなものは全部間違っているものとみなしてしまうのです（**方法的懐疑**）。そうすると、いろいろなものが疑わしいことがわかります。たとえば、**感覚**はどうかというと、私たちは錯覚や幻聴におちいることがあるから、これは不確実です。どれだけリアルな**経験**だって、夢を見ているだけなのかもしれない。**数学的な知識**さえも、神によってだまされているのかもしれない（**欺く神**）、と疑うことは可能です。

このように、たいていのものは疑える。でも、**私が今、疑っているという事実**だけはどうしても疑い得ない。私は今、疑っているけどじつは疑っていない、などというのはナンセンスですからね。だから、**疑っているこの私の存在**は確実だとして、デカルトはこれを「**コギト・エルゴ・スム（われ思う、ゆえにわれあり）**」と言い表しました。ここにおいて、**自我の存在**を**哲学の第一原理**とする近代哲学がつくり上げられたということができます。近代哲学では、この世で最も確実なものは感覚でも神でもなく、ほかならぬこの私（自我）の存在なのです。

なるほど、さすがに明晰な議論ですね！

でも、デカルトの哲学にも問題があります。

まず、自我の存在の確実性がすべての基礎になるというのですが、彼が言う「自我」とは、身体をもたない純然たる精神です。だって、確実なのは自分のカラダではなく「考えるわれ」ですから。つまり、デカルトは物質と精神、心と身体を完全に分離する**物心二元論（心身二元論）**の立場に立っているのです。

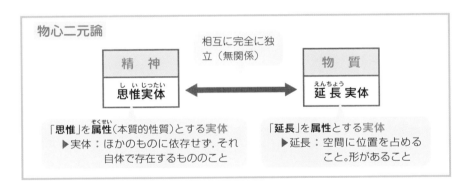

物心二元論

相互に完全に独立（無関係）

精　神	物　質
思惟実体	**延長実体**

「思惟」を**属性**（本質的性質）とする**実体**
▶実体：ほかのものに依存せず，それ自体で存在するもののこと

「延長」を**属性**とする**実体**
▶延長：空間に位置を占めること。形があること

精神と質が分離できるという考え方はきわめて近代的な発想です。これは、人間の身体を因果律のみに従う一種の機械とみなす機械論的な考え方を完成させるものであり、医学などを格段に進歩させました。でも、精神と物質が完全に無関係だとすれば、僕らが自分の意志で自分のカラダを動かせるという事実をどう説明するのか？　これは心身問題と言われ、今日に至るまで多くの議論を招いています。この問題は、人間の身体をただのモノとみなすことができるのかという論点ともかかわり、生命倫理の大きな問題となっています。

デカルトにとって、人間は単なる機械なんですか？

　いえ、人間の身体です。デカルトより少しあとの時代には、人間がまるごと精巧な機械だという主張（人間機械論）も現れますが、デカルト自身はそこまで言っていません。デカルトは、身体に発する**情念**を精神の力で統御すべしと言っています。こうした能力（**高邁の精神**）が人間にはたしかにあり、そこにこそすべての徳のカギがあるというのです。ここには、人間が自分の頭で考え、行動することができる自由な存在だという、ルネサンス以来の人間観を見出すことができるでしょう。

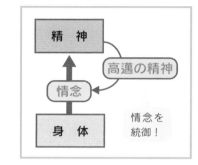

⬆⬆ 暫定的道徳

　世界を正しく**認識**するための方法としては徹底的な懐疑に裏づけられた確実な原理が必要だとしたデカルトだが、**実践**の場面では暫定的道徳として次の３つの規則に従えばよいとした。❶ 国の法律と習慣・宗教に従い、**中庸**をとる。❷ **きっぱりと一貫**した方向に向かう。❸ 欲望を抑えて**自己に打ち勝つ**ことに努める。

ポイント ▶ デカルトの合理論

- 演繹法の出発点となる哲学の第一原理を**方法的懐疑**で探求
- 考える自我の存在は疑いえない（**われ思う、ゆえにわれあり**）
- 精神と物質は相互に独立した実体（**物心二元論**）

パスカルによるデカルト批判

精神

幾何学の精神：世界を**客観的**・分析的に把握
　　　　　　▶デカルト的な演繹的推論

繊細の精神：全体を**直観**する心情の論理
　　　　　例 信仰、愛

デカルトよりややのちに登場した**パスカル**（1623〜62）は早熟の天才で、数学や物理学で重要な業績をあげた超一流の科学者でした。だから、世界を客観的に把握し論証する**幾何学の精神**が大切なものであることは自明でした。けれども、パスカルは科学者であると同時に深い信仰家でもあったので、これに加えて、全体を**直観**（じかにとらえる）する**繊細の精神**が不可欠だとも考えていました。愛や信仰は分析も証明もできるものではないのです。たとえば「私はあなたを愛

パスカル

しています。なぜなら、収入、家柄、容姿……という私の基準を満たしているからです」と言われたら、それを「愛」と感じるでしょうか。愛は相手を全面的に受け入れることのはずです。信仰も同じです。

　ところが、デカルトはあらゆるものを理性で合理的に把握しようとし、**神の存在証明**などということまでやっていた。これに対して、パスカルはそのような「哲学者の神」は真の神ではないとして憤激しています。これは、**近代的理性への反省**という点で最も先駆的な議論のひとつと言っていいでしょう。

　パスカルは著書『**パンセ**』のなかで、人間が悲惨さと偉大さの両側面をもつ**中間者**だと言っています。たしかに人間は無力だし、苦しいときにはすぐ**気晴らし**に走ってしまう情けない存在です。でも、そうした事実を反省することができる存在であるというのもまた事実です。そこで、パスカルは人間を「**考える葦**」と呼び、人間の偉大さを讃えています。

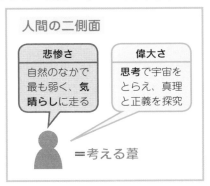

人間の二側面

悲惨さ	偉大さ
自然のなかで最も弱く、**気晴らしに走る**	**思考で宇宙をとらえ、真理と正義を探究**

＝考える葦

2 経験論の展開

　ベーコンによって方向性が定められたイギリス経験論の哲学的伝統は、それ以降3人の哲学者によって大きく発展させられました。

　まず、『人間知性論』を著した**ロック**（1632〜1704）は、**いっさいの知識は経験に由来する**として、生得観念を否定しました。生得観念とは**人が生まれながらにもつ観念**のことで、デカルトなどが主張していたものです。ロックは徹底した経験論の立場から、生まれたばかりの人間の心はまだ何も書き込まれていない白紙（**タブラ・ラサ**）の状態にあると説きました。

　次に、『人知原理論』を書いた**バークリー**（1685〜1753）。彼は経験の源である知覚をいっそう重視する立場から、「**存在するとは知覚されることである**」と述べ、意識から独立した物質の存在を否定しました。

> えっ？　ここにあるこの机は間違いなく存在しているように思われますが。見ることも触ることもできますし。

　でも、その机は、私たちの視覚や触覚などの知覚によってとらえられた机以外の何ものでもないはず。つまり、私たちが知っているモノはすべて私たちの心のなかのモノであって、心の外にはどうしたって出られないのです。

　バークリーの議論は、なかなか受けいれがたい非常識なものですが、これを論破するのはとても難しいでしょう。

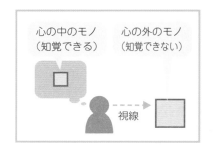

心の中のモノ
（知覚できる）

心の外のモノ
（知覚できない）

視線

　そして、この議論をさらに徹底して経験論を極限にまで推し進めたのが、『人間本性論』を書いた**ヒューム**（1711〜76）です。まず、デカルトが実体として挙げた精神と物質のうち、バークリーは**物質**を否定したわけですが、ヒュームは**精神**のほうも否定してしまいます。

> 心が存在しない？？

　正確には、心ないし自我が実体として存在することを否定しています。私たちは、心のことを知覚が収納される「器」のようにイメージしがちですが、ヒュームによると、心は鍋や風呂桶のような入れ物とはちがう。心そのものを知覚することはできないですよね。そんなわけで、ヒュームは、心は**知覚の束**

にすぎないと言います。

　ヒュームはまた、**因果律**（**因果法則**）**を否定**しています。つまり、原因と結果の連鎖に必然的関係を認める考え方を否定しているのです。たとえば、「水を沸騰させるとお湯になる」というのは確実なことのように思われますよね。でも、過去に起こった現象の連鎖が明日も必ず起こるという保証はない（たとえば、気圧そのほかの条件が明日すっかり変わってしまったら、もはや同じことは起こらないでしょう）。そもそも、私たちは継起している現象 A と現象 B を知覚することはできるけれども、A と B の**因果関係そのものは知覚できません**。

　そんなわけで、ヒュームは、因果律というものは自然のなかに存在するものではなく、人間が過去の事例をもとに**心の習慣**として抱くものにすぎないと結論したのです。

　言うまでもなく、ヒュームのこの議論はきわめて過激なものですが、これに反駁するのは並大抵ではない。そして、この課題に対しては、のちにカントが挑戦することになります。

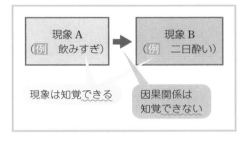

ポイント　経験論の展開

　ロックは**生得観念の存在**を否定し、**バークリー**は**心から独立した物質**を否定し、**ヒューム**は**心の実体性**と**因果律**を否定した。

3 合理論の展開

　合理論というのは、理性への信頼を基礎に演繹的推論を重ねていく知的伝統の総称であって、まとまりのある学派やグループではありません。だから、デカルトが確立した立場に対しては、経験論だけでなく合理論のなかからもさまざまな批判が寄せられました。とくに問題とされたのが**物心二元論**です。

　まず、**スピノザ**（1632〜77）。彼はオランダに生きたユダヤ人の哲学者で、その主著『**エチカ**』は幾何学の論証スタイルで記述された異色の哲学書です。デカルトは**精神**と**物質**という２つの実体が存在するとしましたが、スピノザによると、これらはいずれも**神**という究極の実体の**現れ**にすぎない。したがって、この世界に存在するすべては神そのものだ（**神即自然**）とされます。このような立場を**汎神論**と言います。

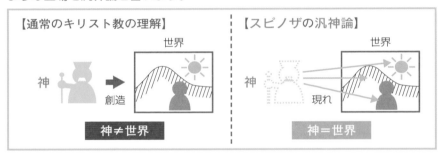

【通常のキリスト教の理解】　　　【スピノザの汎神論】

世界　　　　　　　　　　　　　　世界

神　　　創造　　　　　　　　　　神　　　現れ

神≠世界　　　　　　　　　　神＝世界

　しかし、このスピノザの立場は、世界の外部にいる神を否定するのだから、ユダヤ教およびキリスト教の伝統的な考え方とはまったくちがいます。そんなわけで彼は唯物論・無神論の疑いをかけられ、ユダヤ教からは破門され、キリスト教からも異端視されてしまいました。

　スピノザにとっては、神がすべてだったのですね。

　そう。だから世界のすべてが神によって支配されている以上、人間の**自由意思**も否定されます。たとえば、中学受験を目指して勉強している子どもは、自分の意志で努力しているつもりかもしれない。でもそれは、両親その他のお膳立てなしにはとても難しいはずです。人間の意志は、しょせん神によってそのように仕向けられているだけだというのがスピノザの考えなのです。したがって、人間にとって幸福とは、ありもしない自由を追求することではなく、すべてを神のつくった必然性において、「**永遠の相の下に**」見ることによってのみ得られます。

最後に、**ライプニッツ**（1646〜1716）。彼は哲学者・数学者（微分積分法を発見している）・法学者・政治家ときわめて多くの肩書きをもち、哲学史上でも屈指の天才として知られます。

ライプニッツは、世界は無数の**モナド（単子）**からなるという**多元論**を説きました。モナドとは世界を構成する実体であり、分割不可能なものです。

古代ギリシア哲学で出てきたアトムと似ていますね。

そうですね。ただ、デモクリトスやエピクロスが想定したアトムは物質ですが、ライプニッツが言うモナドは、物質ではなく**心**の一種です。鏡が世界を映し出すのと同じように、世界をさまざまに表象する多様なモナドが世界には充満しています。

モナドは実体なので、それぞれのモナドは完全に独立していて相互には無関係です（このことは「**モナドは窓をもたない**」と表現される）。にもかかかわらず、宇宙全体に秩序があるのは、世界の創造者である神が、個々のモナドが調和するように設計したからです（**予定調和**）。このように、ライプニッツは、デカルトや古代原子論では説明できなかった世界の秩序を、神の意志によって説明しているのです。

> ## ポイント スピノザとライプニッツ
>
> **デカルト**が実体に関する**二元論**の哲学を説いたのに対し、**スピノザ**は実体は神のみという**一元論**を説き、**ライプニッツ**は無数のモナドが実体であるという**多元論**を説いた。

第2章　西洋近現代思想

10 近代ヨーロッパの社会思想

この項目のテーマ

1 社会契約説
ホッブズ、ロック、ルソーの共通点と相違点を整理しよう
2 啓蒙思想
18世紀フランスで活躍したさまざまな思想家を確認しよう

1 社会契約説

　合理論（ごうりろん）と経験論（けいけんろん）の哲学が確立したころ、ヨーロッパ社会は**市民革命**で揺れに揺れていました。ここでいう「市民」とは**ブルジョワジー（市民階級）**のことで、**資本家階級**と言っても意味はほぼ同じです。彼らは労働者を雇って商業や工場経営を行っていました。つまりブルジョワジーは家柄（いえがら）や身分という意味では平民ですが、経済力を蓄えていたのです。

　彼らが台頭した16〜18世紀のヨーロッパは、国王にあらゆる権力が集中する**絶対王政**の時代となっていました。それに不満を募（つの）らせたブルジョワジーが、経済的自由や信仰の自由などを求めて起こしたのが市民革命だったんです。

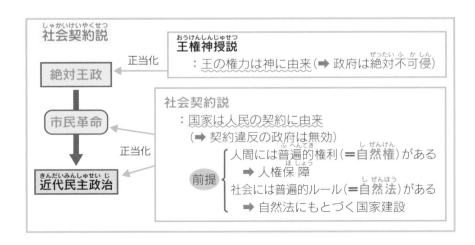

ところで、絶対王政は**王権神授説**、つまり国王の権力が神に授けられたとする理論に支えられていました。しかし、この考え方が正しいとすると、国王がどれほどの圧政を敷こうと文句が言えないことになってしまう（背後に神様がいますからね）。そこで、この王権神授説を批判し、市民革命と**近代民主政治**を正当化するために登場した理論が社会契約説というわけです。

　社会契約説とは、国家の起源を**人民の契約**に求める考え方のことです。つまり、国家は永遠の昔から存在するものではなく、また国王の所有物でもなく、自由で独立した諸個人が自分たちの生来の権利（自然権）を実現するために契約を結んで人為的に設立したものと考えるのです。起業家が仲間と会社を立ち上げるのと似たようなものですね。

 そんな契約、ホントにあったんですか？

　それに近い例もありますが、いずれにせよこれが**歴史的事実**であるのかどうかというのはたいした問題ではありません。そうした契約があったかのように人々が考え、**同意**することに意味があるのです。このように考えれば、どうしても国家は国民の権利を保障しなければならないものとされるし、また普遍的なルール（自然法）に従ったものとならざるをえない。だから、この考え方は近代民主政をつくるにあたって決定的に重要な理論となったのです。

> **↑↑ 自然法思想**
>
> 　特定の時代や地域に限定されない普遍的な法が存在するという考え方を自然法思想と言う。全宇宙をロゴスが支配するという**ストア派**の発想その萌芽を見ることができるが、**キリスト教**において神のつくった法としてより明確な形をとった。
>
> 　近代に入ると、**グロティウス**（1583～1645）が、自然法を**人間理性の命令**に由来するものとして、つまり理性的な人間であればだれもが認めざるをえないようなルールとしてとらえ直した。これによって、グロティウスは「**近代自然法の父**」と呼ばれる。

ホッブズ（1588～1679）　◆主著：『リヴァイアサン』

利己的人間観 {
● 自然権　：自己保存権
● 自然状態：「万人の万人に対する闘争」

➡ 社会契約により強大な国家権力に自然権を譲渡・放棄
（➡ 絶対服従）
➡ 結果として絶対王政を正当化　▶王権神授説とはちがう

17世紀のイギリスで活躍したホッブズは、国家の存在しない自然状態を戦争状態とみなしました。なぜそうなるかというと、自然権としての自己保存権（自分の身を守る権利）をみんなが勝手に行使しようとするからです。この結果、人々の安全はかえって損なわれ、「孤独で貧しく、険悪かつ残忍で、しかも短い」生活を余儀なくされることになる。たしかに、今日でも政府が機能しないために内戦状態におちいっている国が見られますよね。

ホッブズ

でも、人間は理性的な動物なので、このような「万人の万人に対する闘争」の打開策を考えた。それが国家の創設です。すなわち、みんながいっせいに自己保存権を放棄して、強力な国家権力にそれを全面的に譲渡するという契約を結べば丸く収まるというわけです。わかりやすく言うと、みんなが護

「人々が外敵の侵入から、あるいは相互の権利侵害から身を守る……唯一の道は、すべての意志を多数決によって一つの意志に結集できるよう、個人あるいは合議体に、彼らのもつあらゆる力と強さを譲り渡してしまうことである」
（『リヴァイアサン』）

身用ナイフやピストルで武装している社会よりも、警察などの国家権力が暴力を独占している社会のほうが安全だということです。

だから、犯罪者によって平和と秩序が脅かされないようにするためには、国家がだれも逆らえないほど強力なものでなければならない。リヴァイアサンとは『旧約聖書』に出てくる怪物のことで、ホッブズは、怪物のように強力な国家権力の必要性を説きました。

ただ、ホッブズは無秩序を恐れるあまりに絶対君主を擁護したので、この点がのちにロックやルソーから批判されることになります。

ロック（1632～1704）　◆主著：『統治二論』
　　自然状態：自由・平等・平和（⟷ ホッブズ）
　　　　　　　ただし、自然権（所有権）が不安定・不確実
　　➡ 国家に権力を信託（全面委任ではない、抵抗権は留保）
　　　　　▶間接民主制を主張

ホッブズよりも50年ほどのちのイギリスで活躍した
ロックは、自然状態は基本的に**平和**だと主張し、ホッ
ブズを批判しました。たしかに、警察がいなければ、
だれもが人を殺し、ものを盗むといったことが起こる
わけではないですよね。強制力がなくても私たちはそ
こそこ平和にやっていくことができるのです。

ロック

 では、なぜ社会契約が必要になるので
すか？

　自然権が不安定かつ不確実だからです。ここでロックが重視する自然権は、
生命・自由・**財産**に対する所有権です。自然状態では司法機関が存在しないの
で、所有権の侵害があったときに逮捕も裁判もできない。そこで所有権を確実
にするために社会契約によって国家機構を創設した、というのがロックの説明
です。
　ただし、ロックの場合、ホッブズとちがい、国家に全権を委譲するわけで
はない。所有権を確実にするという目的を実現するために、人民の代表者に権
利の一部を信託するだけです。だから、もし代表者たちが公約違反のようなこ
とをやったならば、人民は抵抗権にもとづいて政府を変更することもできます。
　このような**間接民主制**を理想としたロックの主張は、**名誉革命**を正当化する
とともに、アメリカ独立革命に大きな影響を与えました。アメリカでは今でも
憲法で人民の武装が権利として保障されているけれども、これはロックの思
想に由来するものです。

ルソー（1712～78）　◆主著：『社会契約論（しゃかいけいやくろん）』『人間不平等起源論（にんげんふびょうどうきげんろん）』

- 自然状態（過去）：自由・平等・**平和**、**自己愛（じこあい）**と**憐（あわ）れみ**
  - ↓　**私有財産制**
- 社会状態・**文明（ぶんめい）**（現在）：不平等・不公正
  - ↓　**社会契約**～自由・平等の回復（「自然に帰れ」）
- 新たな社会状態（未来）：**一般意志（いっぱんいし）**にもとづく共同体、**直接民主制（ちょくせつ）**

公共の利益を目指す全人民の意志

　最後に**ルソー**。ロックと同じく、ルソーは自然状態を**平和**な状態ととらえました。無分別（むふんべつ）な赤ん坊が悪徳（あくとく）を知らないように、自然状態に生きる人は、孤独ではあるが充足していたという。

　ところが、今日（こんにち）の**文明社会**には不平等と不公正が満ち満ちており、かつて人々が備えていた**自己愛**と**憐れみ**の情も喪失（そうしつ）してしまった。その理由は、人々が**私有財産**への権利意識に目覚めたから。

ルソー

　所有権の意識が定着すると、少ないモノを分かち合っていた時代とはちがい、さまざまな争いが起こってしまう。おのずと富（と）める者と貧しい者との格差も生まれてしまう。これが諸悪（しょあく）の根源だというわけです。ここは、**所有権を肯定したロックと対立**するポイントですね。以上の事態をルソーは、「**人間は自由なものとして生まれたが、（今日（こんにち）は）至るところで鉄鎖（てっさ）につながれている**」と表現しています。

　そこで、**社会契約**によって本来の自由・平等を回復することが目指されます。これが「**自然に帰れ**」という標語（ひょうご）です。

一般意志というのは？

　一般意志は、「**公共の利益を目指す全人民の意志**」と定義できます。注意しなければならないのは、これが、**諸個人の意志（特殊意志）の総和**（＝**全体意志（ぜんたい）**）とは異なるということです。

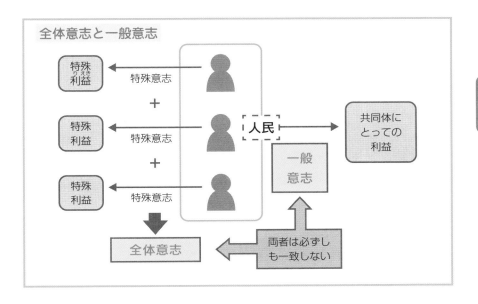

　各人が自分の私的利益だけを考えると、「税金は廃止しましょう」みたいな結論が出るかもしれない。でも、これでは国家が破綻してしまい、みんな不幸になってしまう。

　これに対して、だれもが自分の私的利益を棚上げして、社会の一員として（公民として）、社会にとっての利益を考えるならどうだろう。そうすると、議論の末に何かしらの結論（ベストな税制）が出てくるのではないでしょうか。これが人民の一般意志です。

　一般意志は、みんなで考えることによって導かれるものだから、人民の代表機関は認められない。だから、ルソーは、ロックが肯定した**間接民主制**を批判し、**直接民主制**を擁護したのですね。

　また、各人は必ず一般意志に服従しなくてはなりません。みんなで導いた結論に服従することは、けっして不自由ではなく、本当の意味での自由（**市民的自由**）を意味するとされるのです。

ポイント▶ 三つの社会契約説

　ホッブズは自然状態を**戦争状態**ととらえ、**ロック**は国家における**抵抗権**を主張し、**ルソー**は人々が**一般意志**に従うべきことを主張した。

2 啓蒙思想

啓蒙思想の「啓蒙」は、英語で enlightenment、すなわち「光をあてる」という意味です。つまり、啓蒙思想は、**理性の光**で世界を照らし、合理的な知識にもとづいて世界を正しく再編しようという考え方のことですね。とくに18世紀のフランスでこうした思想が隆盛し、具体的には、無知と迷信によって支えられている非合理的な専制君主制を打倒することが目指されました。18世紀は「**理性の世紀**」とも呼ばれます。

なお、すでに見てきた社会契約説も、広い意味で啓蒙思想のひとつと言えます。ほかにも「スコットランド啓蒙」と言われるヒュームやスミス、それにドイツのカントらも広い意味では啓蒙思想に位置づけられます。以下では、ほかの枠には収まらない、せまい意味での啓蒙思想を紹介しましょう。

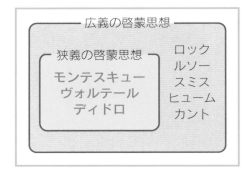

```
┌──── 広義の啓蒙思想 ────┐
│  ┌── 狭義の啓蒙思想 ──┐  ロック  │
│  │    モンテスキュー   │  ルソー  │
│  │    ヴォルテール    │  スミス  │
│  │    ディドロ      │  ヒューム │
│  └───────────┘  カント  │
└─────────────────────┘
```

啓蒙思想家たち

- ● モンテスキュー（1689～1755）　◆主著：『**法の精神**』
  - ● 専制君主制は本質的に不健全 ➡ 共和制 or 立憲君主制が望ましい
  - ● 政治的自由を実現するためには**三権分立**が不可欠
- ● ヴォルテール（1694～1778）　◆主著：『**哲学書簡**』
  - ● 専制への批判 ➡ **宗教的寛容**と**言論の自由**を主張
  - ● **理神論**的立場
- ● ディドロ（1713～84）　◆主著：『ダランベールの夢』
  - ● 百科全書派のリーダーとして『**百科全書**』を執筆・編集
  - ● 無神論・唯物論

モンテスキューは、各国の法制度を見聞するなかで、それらの多様性が風土や習俗などと関連すると考えました。彼によると、各国の法制度はそれぞれなんらかの「法の精神」によって支えられています。そして、恐怖によって支えられる専制は本質的に不健全であるとして、フランスにおいては立憲君主制が望ましいと説きました。

各制度とその精神

- 共和制 ➡ 美徳
- 君主制 ➡ 名誉
- 専　制 ➡ 恐怖

　彼はまた、政治的自由を実現するためには権力機構を分割すべきであるとして、立法権・行政権・司法権が抑制と均衡の関係に立つという**三権分立**を説きました。

 ヴォルテールは何を主張したのですか？

　ヴォルテールは啓蒙思想のチャンピオンと言うべき人物で、ルネサンス期におけるエラスムスと同様に、この時代に名声をほしいままにした人物です。とくに**宗教的寛容**と**言論の自由**についての擁護者としてよく知られています。
　また、彼は**理神論**の立場に立っていました。これは、神の存在を否定はしないものの、奇跡や啓示などを否定する合理的な信仰のことで、この時代に多くの支持者を集めていた考え方です（ニュートンなどもこれに近い）。

　最後の**ディドロ**は、**百科全書派**のリーダーとして知られます。『百科全書』とは、人類の知をすべて網羅的・体系的に集大成しようという知的プロジェクトで、啓蒙思想の最大の成果と言えます。今日の百科事典のモデルとなったものです。これにはモンテスキュー、ヴォルテール、ルソーなど多くの執筆者が協力しています。
　ディドロ自身の思想としては、合理主義を徹底し、この時代にあってはきわめて珍しい**無神論・唯物論**の境地にまで進んでいるという点をおさえておきましょう。

第2章　西洋近現代思想

11 ドイツ観念論

この項目のテーマ

1 カントの認識論
　　人は何を知りうるか？　～『純粋理性批判』の世界
2 カントの道徳哲学
　　人は何をなすべきか？　～『実践理性批判』の世界
3 ヘーゲルの弁証法
　　ヘーゲルはカントをどのように批判したのか？

1 カントの認識論

　カント（1724〜1804）はドイツのケーニヒスベルクという町で大学教授として規則正しく地味な生涯を送った哲学者です。でもその地味さとは裏腹に、18世紀ドイツにおける「**精神の革命**」を遂行した立役者と評されています。

　カントの哲学は批判哲学と言われます。この「批判」とは、「非難する」とか「否定する」といった意味ではなく、「**徹底的に吟味する**」という意味です。彼はそれまでの哲学を深く検討し、継承すべき点と乗り越えるべき点をはっきりさせようとしました。そして、

カント

とくに**合理論**と**経験論**の問題点を明らかにし、それらの統合を目指したのです。

> カントによる課題設定
> ● 合理論 …独断論におちいっている
> 　　　　　　　　不確実な教条（ドグマ）を無批判に受容する立場
> ● 経験論 …懐疑論におちいっている
> 　　　　　　　　客観的真理を認識できることを疑う立場
>
> ➡ 理性能力を吟味すべき

　カントはドイツ人だから、もともと大陸合理論の立場でした。でも、因果性を否定した**ヒューム**の懐疑論に接することで、合理論哲学は独断論におちいっていることに気づかされました（彼はヒュームによって「**独断のまどろみから醒まされた**」と述懐している）。

　なお独断論とは**不確実な前提**のうえに積み上げられた議論のことです。たとえば「日本は神国だ。神国は不敗だ。だから日本は絶対に戦争に勝つ」みたいな議論。

　でも、カントは経験論にも不満でした。というのも、徹底した経験論はヒュームのように懐疑論に行き着きますが、これでは幾何学の証明手続きのようなものすら確実でないとみなされるからです。カントは**普遍的に妥当する真理**というものが確実に存在すると考えており、それすら否定してしまう懐疑論には満足できなかったんですね。

> 合理論も経験論も一面的だということですね。

　そう。だからカントは合理論と経験論がどこで間違ったのかを明らかにするため、人間の**認識能力**そのもの（理論理性）、つまり**人がどこまで認識できるのか**について吟味しました。この課題を遂行したのが『純粋理性批判』です。そして、カントによると人間の認識は以下のような手順で行われるという。

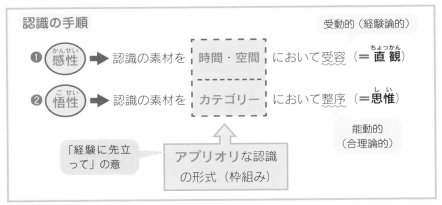

認識の手順　　　　　　　　　　　　　　受動的（経験論的）

❶ **感性**　➡ 認識の素材を ┆時間・空間┆ において受容（＝**直観**）

❷ **悟性**　➡ 認識の素材を ┆カテゴリー┆ において整序（＝**思惟**）

能動的（合理論的）

「経験に先立って」の意　⬅ **アプリオリ**な認識の形式（枠組み）

　認識の第一段階では、感性が、**認識の素材を受容します**（この働きを**直観**という）。つまり、たとえばリンゴに接したときに「赤い」「丸い」などの視覚的データや、「甘い」などの味覚のデータを受け取ります。でも、これらのデータはまだ**断片的**なものにすぎないので、直観の働きだけではこれを「リンゴ」として把握できない。

これに対して、第二段階では、感性が受容したバラバラの素材を悟性がまとめ上げて、ひとつの概念として把握します。つまり、赤くて丸くて甘い物体を「リンゴ」として把握する。これが**思惟**の働きです。

第一段階は、言ってみればジグソーパズルのピースが手元に集められる段階で、第二段階は、同様にパズルを組み立てる段階です。この二段階はそれぞれ経験論と合理論の立場に対応していて、認識が成立するためにはいずれも欠かせない。つまり、カントは認識論において**経験論的要素**と**合理論的要素**を統合したのです。

 「**アプリオリ**な認識の形式」ってなんですか？

まず、「**アプリオリ**」とは、「経験に先立って」という意味です。

時間と**空間**は世界に客観的に存在する座標のようなものだと思っている人が多いですよね。でもカントは、時間と空間は主観から独立したものではなく、**直観の形式**だと考えた。つまり、僕らは時間と空間という色眼鏡をとおして認識の素材を受容しているというわけですね。

次に**カテゴリー**は、**思惟の形式**を意味しています。カテゴリーのなかでも最重要なのが**因果性**。ヒュームは、因果性が「心の習慣」にすぎないとして切り捨てましたよね。カントは、因果性が心の外に客観的に存在しないという点でヒュームに同意しますが、人間は思考するさいに必ずこの因果性のカテゴリーを用いざるをえない、と言います。

 因果性を用いて思考する？

たとえば、「彼は猛勉強したがゆえに合格した」というように、僕らは現象A（彼は猛勉強した）と現象B（彼は合格した）のあいだに因果関係を求める**心理的傾向**をもっていますよね。つまり、僕らが思考するさいには、因果関係という、それ自体は知覚できない枠組みを用いているんです。ちょうど目を閉じたままではモノを見ることができないのと同じように、僕らはカテゴリー抜きでは思考できない。

なので時間と空間、カテゴリーは経験に先立って（**アプリオリ**に）人間が備えている**認識の形式**なのです。

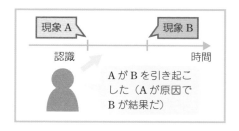

なんだか、認識が主観的なものであるように聞こえますが。

　ここがカント認識論の最大の特徴なんですが、カントによると、認識とは心の外にある客観的な事物（**物自体**）をとらえることではなく、能動的な認識作用によって心のなかで**対象を構成**することだとされるのです。これをカントは**「認識が対象に従うのではなく、対象が認識に従う」**と表現しています（**コペルニクス的転回**）。

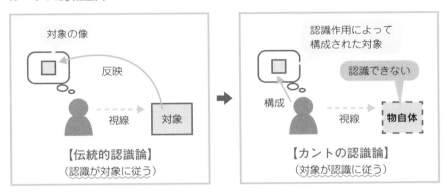

　「コペルニクス的転回」というのは、もちろん天動説から地動説へという転回に自説をなぞらえているわけです。カントは、人間の認識というものが単に受動的なものではなく、能動的・主体的なものであることを示したんですね。

 なるほど。結局、人はどこまで認識できるのでしょうか？

　カントによると、人間の認識は感性と悟性の協同で行われるということでしたよね。だとすると、感性の及ばない世界は認識できない。つまり、人間が認識できるのは五感でとらえられる世界（**現象界**）だけであって、頭で考えることしかできない世界（**英知界**）については認識できないということになります。

デカルトやスピノザなどによると、神の存在は「証明」できる。でも、カントに言わせれば、神は見ることも聴くこともできないから、理性的認識の対象外なんです。カントが伝統的形而上学にとどめを刺し、**精神の革命**を遂行したなどと言われるのはこのことからです。

 では、じゃあ英知界なんてそもそも存在しないということですか？

　ところが、それもちがいます。たしかに、英知界は人間が**理論理性**で認識することのできない世界です。でも、カントによると、英知界は実践理性によって要請される。実践理性とは**善を意志する能力**、すなわち道徳的な能力のことです。つまり、**神**や**自由**といった英知界に属する概念は、人間が善をなすためにどうしても必要な能力だとされるのです。くわしくは次項目で説明します。

> ## ポイント▶カントの認識論
> ● カントは**合理論と経験論の統合**を目指した
> ● 認識は**感性による直観**と**悟性による思惟**の協同によって成立する
> ● 理性（**理論理性**）は経験可能な世界しかとらえることができない

2 カントの道徳哲学

『純粋理性批判』のテーマは「**人は何を知りうるか**」という認識論でした。これに対して『**実践理性批判**』では「**人は何をなすべきか**」という主題、つまり**道徳哲学**が論じられる。カントの道徳哲学は、ベンサムらの功利主義と並び、今日から見ても最も首尾一貫した道徳哲学の一つなんですよ。ところで、「何があろうとうそをついてはいけない」という主張をどう考えますか？

 場合によりけりでしょうか……。

　人助けのためのうそなら許されるのではないか、といったところでしょうか。そのように、行為の**結果**を重んじる道徳論は**帰結主義**と言われます。これに対して、カントの道徳論は、行為の道徳性は結果ではなく**動機**によって判断されるという**動機主義**の立場なのです。

　ただ、動機といってもそれは主観的な善意のようなものではありません。普遍的に妥当する**道徳法則**を尊重し、それを目指す**善意志**にもとづいているかどうかが問題になるのです。

 待ってください、**道徳法則**とはなんですか？？

　自然界に自然法則が存在するのと同じように、道徳の世界にも万人が従わなければならないような普遍的法則が存在するとされます。それが道徳法則。ところで、これは法則だから、無条件のものでなければならない。したがって、「〜ならば……せよ」というような**条件つきの命令（仮言命法）**は道徳法則たりえない。「しかられたくなければ掃除をしろ」という命令は、しかられてもかまわない者には無効ですからね。端的に「……せよ」という**無条件の命令（定言命法）**のみが道徳法則たりうるというわけです。

 「たりうる」ってことは、定言命法であるだけではダメだと？

　たとえば「人を殺せ」というのは一種の定言命法ですが、これが道徳法則であるはずはないですね（みんなが殺し合いをすることはいいことのはずがない）。道徳法則であると言えるためには、それが普遍的なルールであることが求められる。カントは、これを次のようにまとめています。

　格率とは、個人的な行為の原則、つまり私的なルールのこと。たとえば「毎
日納豆を食べよう」や、「毎朝10km走ろう」などです。でも、これらは万人
に適用するわけにはいかなさそうですよね。つまり、格率には普遍的でないも
のもあるのであって、カントは、万人に妥当する格率だけが道徳法則の名に値
すると言っているわけです。

> わかりました。でも、道徳法則に従うだけの生き方というのもな
> んだか受動的な気がしますけど。

　道徳法則というのは自然法則のように人間を一方的に縛るものじゃなく、**理
性的存在**である人間自身が主体的に立法するものなのです。そして、自分で立
法した道徳法則に**自律的**に従う（**意志の自律**）わけだから、受動的どころでは
ない。

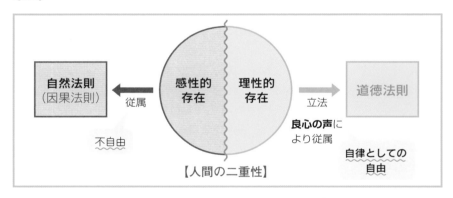

　そのさい、カントは道徳法則に従うことを義務と呼び、「**汝なすべし**」とい
う**良心の声**にもとづいて行為する（義務を果たす）ことのみが道徳的であると
言います。逆に結果として義務にかなっているだけの行為（叱られるのがイヤ
だから掃除をする、など）は**適法的**であると言われ、ここには道徳性はないと
されるのです。「義務」というとネガティブに聞こえるけど、このとき彼は自
分の意志で自分のあり方を定めているのだから、彼は真の意味で自由です。

> 厳格な主張ですね！　マネできそうもありません。

　そうでしょうか。不思議なことに、人は一見すると自分に不利なことを進んでやることがあります。たとえば『走れメロス』の主人公のように、友との約束を守るために、殺されることがわかっていながら友のもとに走るとか。あるいは通勤電車で困っている人を助けて、出社が遅れることになるとか。

　だから、人間がある局面において自律的に行為しうるというのは事実なのです。その意味で、人間は自然法則に従うばかりの単なる**物件**とは異なる尊い存在であって、自由で自律的な**人格**として、それにふさわしく扱う必要がある、とカントは言います。

人格の尊厳

「汝の人格および他のあらゆる人の人格のうちにある人間性を、いつも同時に**目的**として扱い、けっして単に**手段**としてのみ扱わないように行為せよ」
（『人倫の形而上学の基礎づけ』）

　これは、人間を道具のようにのみ扱ってはならず、尊厳ある人格として扱えという教えです。だから、友人を踏み台として利用するような生き方は否定されます。このように人々がみな相互に尊重し合う社会がカントの理想で、これは**目的の王国**と呼ばれます。容易に実現しそうにはないけど、高邁な理想ですよね。

⬆⬆ カントの平和論

　晩年のカントは『**永遠平和のために**』を書き、人格間の相互尊重の議論を国際社会にもあてはめている。これによると、各国は国際平和を実現するために**常備軍を廃止すべきである**とされ、また戦争を防止するための**国際機関の創設**が説かれている。これは、20世紀になって実現した国際連盟や国際連合の先駆けとなる議論として評価されている。

---

3 ヘーゲルの弁証法

ヘーゲル（1770〜1831）は、若いころには熱烈なカント主義者でしたが、しだいに独自の哲学体系を構築していきました。彼の残した『精神現象学』『法の哲学』などの膨大な著作および講義ノートにおいて、近代哲学の流れは巨大な山脈の頂点をきわめたということができます。

まずは、彼の哲学的方法である弁証法について説明します。

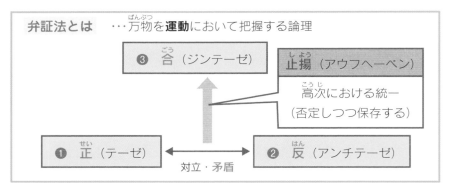

弁証法とは　…万物を**運動**において把握する論理

❸ 合（ジンテーゼ）

止揚（アウフヘーベン）

高次における統一
（否定しつつ保存する）

❶ 正（テーゼ）　　　　❷ 反（アンチテーゼ）

対立・矛盾

弁証法とは、あらゆるモノを**運動**において把握する論理のことです。ここでいう「運動」とは、モノの生成・発展・消滅の全プロセスを指します。ひとことで言うと、弁証法とは、世界がダイナミックに動いているという事態を言い表しています。

さて、上の図の「正（テーゼ）」とは命題という意味です。たとえば「彼は子どもだ」という命題を例にとると、これに「彼は大人だ」という対立命題（反、アンチテーゼ）を設定することができる。この2つの命題は両立できそうにないですよね。でも、「彼は青年だ」という新たな命題（合、ジンテーゼ）、つまり子どもから大人になりつつある存在という動的な契機を導入すれば、2つの命題は統一的に理解できる。

このように、対立・矛盾を高次において統一することを止揚と言います。止揚という概念には、「否定する」という意味と「保存する」という意味が含まれています。たとえば、「青年」は単純な子どもでも大人でもないから、その意味でこれらは否定されている。でも、青年という概念には、子どもの側面と

大人の側面が間違いなく含まれている（＝保存されている）。

　一般に、「矛盾」とは、あり得ないものだと考えられていますよね。でも、ヘーゲルによれば、矛盾は実際に存在するし、矛盾が存在するからこそ矛盾を止揚する力が働き、それが現実世界に運動をもたらす。つまり、**矛盾こそが事物の運動の原動力**だとされるのです。

> ## ポイント　弁証法とは
>
> ● **弁証法**とは、世界の運動を説明するための原理
> ● あらゆるところに**矛盾**が存在しており、これが世界を動かす

　ヘーゲルの哲学は「**自由の哲学**」だと言われることがあります。でも、彼が言う「自由」にはかなり独特の意味がある。これを理解するために、**人倫**（じんりん）についてのヘーゲルの議論を見ていきましょう。

ヘーゲルにおける人倫

◎**人倫**とは…法と道徳を統一した客観的自由（共同体において成立）

> ● 道徳：人間を内的に規律（きりつ）
> ● 法　：人間を外的に規律

❶ | 家　　族 |…愛によって結合した**自然的人倫**

　　　　▶個人の自立が欠如（けつじょ）

❷ | 市民社会（しみんしゃかい） |…個人の自立が基本／**欲望の体系**（よくぼう）／**人倫の喪失態**（そうしったい）

❸ | 国　　家 |…家族と市民社会を統一した理想的人倫

　カントが考えたように、自由を実現するためにはみずからを律すること、すなわち道徳が必要です。でも、人間は一人で生きているわけではなく、共同体において他者とともに生きている。だから、真の自由を実現するためには共同体の秩序（ちつじょ）を守るための法が欠かせない。

　つまり、ヘーゲルは、各人が主観的な自由を追求しているだけではダメで、自由は現実の社会制度のなかで具体化される必要がある、と考えたのです。このように**内面的な自由である道徳**と**客観的な秩序を維持するための法**を弁証法的に統一した概念が人倫と呼ばれます。つまり、人倫とは、共同体の各メンバーの意志と共同体そのものが**有機的**（ゆうきてき）に機能している状態を意味するのです。

　いまいちピンと来ないですね……。

オーケストラなどをイメージしてみてはどうでしょうか。メンバーはみんなに合わせて演奏する必要があるけど、そのときに自由はけっして失われない。心を合わせることで、みんなは一丸となり、真の自由を獲得できる。チームスポーツなどでも同じですよね。

これが共同体において成立する真の自由、人倫です。一人ぼっちの個人的な自由よりはるかに次元の高いものですよね。

> なるほど。で、その人倫が三段階で展開されるんですね。

そう。まず、第一段階が**家族**。家族は最も基礎的な共同体なので、ヘーゲルはこれを「**自然的人倫**」と呼んでいます。家族は**愛**という強い絆によって結ばれている。でも、その反面、そこには**個の自立がない**。これを克服するために登場するのが市民社会です。

第2段階の**市民社会**とは、独立した個人からなる社会のことで、資本主義社会と同じと思ってもらってよいです。しかし、市民社会は人々が自分の欲望だけを追求する社会（「**欲望の体系**」）であり、そこでは家族で成立していたような絆が失われています（**人倫の喪失態**）。

そこで、家族と市民社会という2つの人倫を弁証法的に統一（止揚）することが求められる。こうしてできたのが第3段階の国家です。国家は、家族における**絆の強さ**も市民社会における**個の独立**も実現しているので、人倫の最高段階だとされます。

> でも、現実の国家はそんなにすばらしいものでしょうか？

たしかにヘーゲルの言い方は、現実の国家と理想の国家を混同しているようにも読めるものとなっています。ただ、彼は「**世界史は自由の意識の進歩である**」と述べていて、この歴史観はなかなか一貫性のある議論なのです。

ヘーゲルによると、人倫の展開とは歴史において絶対精神（世界精神）が自己を展開する過程だと説明されます。ちょうど人間が生涯をかけて自我を完成させるのと同じように、絶対精神は世界史においてみずからの本質である自由を実現していくというのです。

歴史における精神の展開 … 歴史の過程を通して自由が拡大

絶対精神（世界精神）	オリエント（東洋）	古代ギリシア（西洋の古代）	ゲルマン世界（ドイツの国家）
	一人だけが自由	少数者が自由	全員が自由！

　私たちは、自分の心（精神）が単独で成立していると思いがちですが、ヘーゲルは**歴史を動かす巨大な世界精神**というものを想定していて、個人の精神はその一部にすぎないとしました。

個人の精神が世界精神の一部？

　弁証法の図式で考えてみましょう。

　まず、私たちは自分の見方なり意見をもっている（**正**）。でも、現実の社会で生きていると、これに反対する立場や意見があることがわかる（**反**）。そこで、私たちは対話を交わし、紆余曲折の末に対立を止揚して、「私たち」の意見というものを形成する（**合**）。こうして、私たちは個人のせまい見方を脱し、共同体の成員として「私たち」の視点を確保するに至る。私たちは単なる「私」から「私たち」に成長することによって、真の自由を実現できるのです。

　ヘーゲルは「**理性的なものは現実的であり、現実的なものは理性的である**」と述べています。プラトンなどでは、理性的なものは現実と無関係なものと見られていたけれども、ヘーゲルによると、理性的なものは、現実において具体化されなければならない。また、現実世界には不条理に見えるものも多いけれど、存在するものにはすべて理由があるのであって、これを精神（≒理性）の自己実現の過程として把握すべきだというわけです。

　「世界精神の自己展開」などを説くことから、しばしばヘーゲルは神秘主義的な観念論だと批判されてきました。でも、自由についての彼の議論から、私たちは多くを学べるんじゃないでしょうか。

12 功利主義とプラグマティズム

この項目のテーマ

1 功利主義
個人主義と社会の幸福は調和するのか？

2 プラグマティズム
パース、ジェームズ、デューイの特徴をおさえよう

1 功利主義

18〜19世紀のヨーロッパでは、**市民革命**と**産業革命**により、自由で独立した諸個人を基礎とした**市民社会≒資本主義社会**が成立していました。でも、この社会では、人々が自由に営利活動を追求することにより、**貧富の格差**といった問題が顕在化（けんざいか）していきました。そこでこの時代の思想家たちは、**資本主義の矛盾**という課題に直面したのです。

なるほど。資本主義とくれば、まずは**アダム・スミス**ですね。

そうですね。ルソーなどが、利己的な活動が社会に災いをもたらすと主張したのに対し、ルソーの同時代人で「**経済学の父**」と言われる**アダム・スミス**（1723〜90）は、むしろ利己心（りこしん）にもとづく営利追求こそが社会に富をもたらすと考えました。

その理由は2つ。ひとつは、売り手と買い手が自分の利得（りとく）を最大化しようと行動しても、それが「**（神の）見えざる手**」によって調整されるからです。この「見えざる手」というのは、今日（こんにち）の**市場（しじょう）メカニズム**と呼ばれるものにあたります。政府がモノの値段を決めたりせずに**自由放任主義**をとったほうがよい結果になる、というわけです。この議論は『諸国民の（しょこくみん）

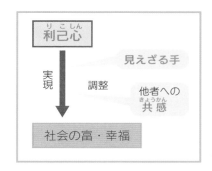

富（国富論）』で展開されています。

　もうひとつの理由が哲学的にはより重要で、スミスによると、人々の利己心というものは、じつは他者への共感の原理（＝良心）によってすでに調整されている。たとえば、私たちは駅前の募金に応じることがあるけれど、あれはけっして不合理な行動ではなく、自分なりの良心を満足させるための合理的な行動です。この良心は「公平な観察者」とも言い換えられます。人間は自分で自分を第三者的にながめることができる存在なのだから、利己的に行動するといってもすぐに他者を踏みにじったりするということにはならない、というわけです。以上の議論は、もうひとつの著書『道徳感情論』で展開されています。

> でも、利己心ってそんなにうまく調整されるもんですかね？

　たしかに、利己心の制御はそんなに簡単ではないのではないかという疑問も沸いてきます（宗教などはそのために生まれたようなものです）。そこで、利己心が社会の利益を損なうことなく、人々の幸福を実現するために必要な条件をくわしく検討していったのが、功利主義の祖ベンサム（1748〜1832）です。

ベンサム

　功利主義とは、善悪の基準を行為や規則のもたらす結果の有用性に求める立場のことです。道徳性の基準が結果に置かれる（功利の原理）ことから、帰結主義の道徳哲学とも言われ、カントの動機主義と対比されます。

　では、なぜ結果の有用性が問題になるのか？　ベンサムは『道徳および立法の諸原理序説』のなかで、それは、人間が「快楽と苦痛という2つの君主」の支配下に置かれ、すべての人は快楽を求め苦痛を避けようとする存在だからと述べています。つまり、人間にとっての幸福は、

2つの道徳学説

動機　　カントが重視
行為
結果　　功利主義が重視

快楽が多く苦痛の少ないことにある、というのがベンサムの基本的発想です。

　ここから、社会にとって望ましいのは「最大多数の最大幸福」を実現することである、という非常に有名な命題が導かれます。これは、一人ひとりの幸福量の総和が最大のときが最善の状態だ、ということです。

　この議論には、社会は個人を基礎単位とする集合体であり、個人（そして社

会）の快楽や幸福は計算可能であるという前提があります（量的功利主義）。本当に快楽を計算できるのか、快楽には質的差異があるのではないか、という疑問は残りますよね。これについてはまたあとで考えましょう。

 どうすれば社会の幸福を最大化できるのでしょう？

　スミスの場合は、放っておけばうまくいく、という発想でした。でも、なかには他人に危害を加えることに快楽を感じるような人もいますからね。そこでベンサムは、**制裁（サンクション）**によって「最大多数の最大幸福」を実現するよう主張しました。制裁とは、ある人にある行動を起こすよう強いるもので、具体的には右に挙げた4種類の制裁があります。たとえば人を殺した者は死刑にする、というような制裁をルール化しておけば、利己的な人は「割に合わない」行為（殺人）を回避しようとするので、結果として「最大多数の最大幸福」が実現する、というわけです。ベンサムはとくに**法律的制裁**を重視し、立法による社会改革に生涯を捧げました。

> ## 四つの制裁（サンクション）
>
> ● **自然的制裁**
> 　例　不摂生の結果、健康を崩す
>
> ● **法律的制裁**
> 　例　犯罪をおかして刑罰を受ける
>
> ● **道徳的制裁**
> 　例　不道徳な行為で社会的非難を受ける
>
> ● **宗教的制裁**
> 　例　不敬な行為で神罰を宣告される

 ベンサムの議論に問題はないのでしょうか？

　いくつか考えられますが、先ほど少し触れたように、とくに快楽をすべて量的に測定できるという点は、功利主義の後継者たちからも批判を受けました。量的功利主義に対して**質的功利主義**の立場を取ったのが**J.S. ミル**（1806〜73）です。

　ミルはベンサムの友人を父にもち、幼少時代から英才教育を受けた天才の代名詞のような人物です。彼は「最大多数の最大幸福」という功利主義のスローガンを保持しつつも、**快楽の質的差異**にも留意しなければならないと主張しました。たしかに、肉体的快楽と精神的快楽を同じモノサシで測るのはきわめて困難だし、

J.S. ミル

死別した妻と過ごしたかけがえの
ない期間を「1000万円相当の快
楽」などと言っていいはずがない
ですよね。

ミルはまた、ベンサムが法律的
制裁を重視したのに対し、**良心**に
もとづく**内的制裁**を重視しました。

ミルの質的功利主義

「満足した豚であるよりは不満足
な人間であるほうがよく、満足し
た愚者であるよりは不満足なソク
ラテスのほうがよい」　（『**功利主義**』）

ミルは、真の幸福は**利他的な感情**によって実現するとして、「**人にしてもらい
たいと思うことは、すべてあなたがたも人にしなさい**」というイエスの黄金律
こそが功利主義の原理だと主張しています。

あと、ミルの主著『**自由論**』では、個人の自由を制限できるのは他者への加
害行為だけだという**他者危害原理**が説かれており、自由主義の古典的定式とし
て重要です。

なお、ベンサムの議論の大きな問題点として、ほかに**社会的な少数派や弱者
を犠牲にしかねない**という点も挙げられますが、この点はロールズのところで
触れることにします。

⬆️ 功利主義と現実政治

功利主義は社会改革を目指して現実政治にかかわった。ベンサムは、**普通選
挙制**の導入を強く訴えたほか、**動物愛護**や**同性愛**の擁護を行ったことなどでも
知られる。ミルは自身も国会議員になるほど議会政治を重視した思想家だった
が、民主主義が「**多数者の専制**」へと堕落してしまう危険性のあることにも注
意を促しており、これを防ぐために少数意見を尊重して**言論の自由**を強く保障
することなどを主張している。また、**女性**が隷属的地位に置かれていることの
不当性を断罪したことでも知られる。

② プラグマティズム

　ここまでヨーロッパの思想ばかり見てきましたが、次の**プラグマティズム**はアメリカ生まれ・アメリカ育ちの哲学です。この立場は、知識や理論の妥当性を**実践（行為）**によって検証しようとします。

実践によって検証するとはどういうことですか？

　簡単に言えば、「とりあえず試してみよう」ということです。

　目の前のプリンの味を知りたいときに、人によっては、成分や製造者などから、おいしさについてあれこれ想像するかもしれない。でもプラグマティストであれば、「食べてみればいいじゃん」と考える。

　この立場は、ヨーロッパの伝統的形而上学が**思弁的**・観念的で無益な議論に終始しがちであったとして、「使える思想」を目指します。当時のアメリカは、まだ建国して百年もたっていない若い国。だから、縛られるような権威も伝統もなく、何事もとりあえず試してみようという自由な**フロンティア精神**に満ちていました。この気風が、プラグマティズムの哲学を生み出したのです。

　さて、**プラグマティズムの特徴**として、科学への信頼と宗教の尊重の2点を挙げることができます。科学への信頼という点については、**仮説を実験**によって**検証**するという**経験論の伝統**を実生活に適用したものと言えるでしょう。宗教を尊重するというのは、アメリカ最初期の入植者たちが信教の自由を求めた**敬虔なピューリタン**だったこととも関連があると考えられます。科学と宗教は、一見すると相容れないもののようにも見えますが、今日でもアメリカはこの2つを最も尊重するユニークな伝統をもっていますよね。

プラグマティズムは、だれがつくったのでしょうか？

　プラグマティズムの生みの親は**パース**（1839～1914）です。彼は測量技師として比較的地味な生涯を送った人物ですが、**形而上学クラブ**という研究サークルを組織して新しい思想運動を起こしました。彼はプラグマティズムの基本的立場を次のように定式化しています。

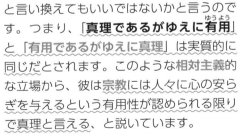

プラグマティズムの格率

「ある**対象の概念**を明晰にとらえようとするならば、その対象がどんな**効果**……を及ぼすと考えられるかということをよく考察してみよ。そうすればこの効果についての概念は、その対象についての概念と一致する」 （『いかにして我々の観念を明晰にするか』）

回りくどい言い方をしていますが、要するに「**ある概念の意味はそれがもたらす効果と一致する**」ということです。たとえば、「硬い」という概念は「たたいても壊れない」という意味をもつ。つまり、「たたく」という行動によってその意味が明らかになるわけで、パースは行動を基準にして概念や思想を明晰にし、科学を進歩させることを目指したのです。なお、「**プラグマティズム**」とは「行動」を意味するギリシア語の「プラグマ」をもとに、パースが名づけたものですよ。

実際にプラグマティズムが世に広まったのは、形而上学クラブのメンバーだった**ジェームズ**（1842〜1910）が著書『**プラグマティズム**』でこの思想をわかりやすく紹介してからです。

ジェームズは、**真理の有用性**というアイディアを提案しています。普通、ある議論が**役に立つ**のはそれが**正しい**からだと考えられていますね。たとえば、万有引力の法則は真理である、ゆえに人工衛星の軌道計算などに役立つ、という具合に。ところが、ジェームズは、現に**役に立っている**がゆえにその議論は**正しい**、

ジェームズ

と言い換えてもいいではないかと言うのです。つまり、「**真理であるがゆえに有用**」と「**有用であるがゆえに真理**」は実質的に同じだとされます。このような**相対主義**的な立場から、彼は**宗教**には人々に心の安らぎを与えるという有用性が認められる限りで真理と言える、と説いています。

こうした主張は、真理が人間から独立した客観的なものではなく、心のなかで生起する**心理的な現象**であるという立場から出てくるものです（じつは、ジェームズはもともと心理学者でした）。彼は、著書『宗

真理の有用性

「カトリックが正しい」 「プロテスタントが正しい」

それぞれの立場にとって有用 ➡ いずれも正しい（＝相対主義）

教 的経験の諸相』のなかで、数多くの神秘体験を紹介し、意識の流れ（純粋経験）こそが根本的実在だとする**根本的経験論**を説いている。この議論は日本の西田幾多郎にも影響を与えました。

ポイント ジェームズのプラグマティズム

- 有用な（役に立つ）ものが真（正しい）であり、真理は人によってさまざまであり得る（**相対主義**）
- 宗教も有用である限りで真であり、その点で科学と変わらない

最後に**デューイ**（1859〜1952）について。『**哲学の改造**』などの著作を残したデューイは、自身の立場を道具主義と呼んでいます。ハンマーが釘を打つための道具であるのと同じように、思想もまた生活を改善するための**道具**でなければならない、というわけです。

さて、デューイは、人間が完璧に理性的な存在であるという見方をしりぞけ、人間が**習慣**のなかを生きる存在であると説いています。

デューイ

では動物と同じということですか？

いえ、そこには明らかなちがいがあって、それは人が困難や障害にぶつかったときにはっきりします。デューイによると、人は習慣的な生活を送るなかで困難に直面すると、**環境に適応**するために**試行錯誤**を行う。そしてそのプロセスを通して新たな習慣を獲得し、成長していくんです。このような**問題解決能力**のことを創造的知性と言います。

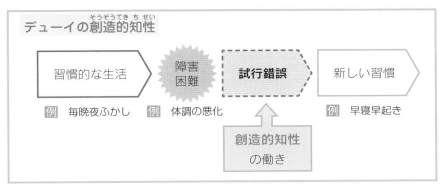

またデューイは、科学的知識を含めてあらゆる人間の知識は**仮説**にすぎないと言います。だから、絶対的な真理を追い求めたりするのではなく、絶えず仮説を行動によって**検証**する姿勢が大切です。

 ではどうしたら、そんな能力を身につけられるのでしょう？

教育の力によって、です。それも、ただ知識を暗記させるような教育ではなく、生徒みずからが試行錯誤によって学びとる（＝**なすことによって学ぶ**）ことが期待されているんです。学習の結論そのものよりも学習のプロセスが大切ということですね。

デューイがこのように教育を重視したのは、**民主主義**が危機に瀕していると考えたからです。民主社会は、一人ひとりが自分の頭で考えて自分の責任で行為するということを前提にしています。ところが、急速な産業化の過程で、人々は主体性を失い、民主主義の危機が起こっていました。そこで、権威に盲従しない民主的な主体を、教育の力で再生することをデューイは願ったのです（『**民主主義と教育**』）。彼の教育理論は、日本を含む世界中の国々に多くの影響を与えました。

13 社会主義

この項目のテーマ

1 マルクス以前の社会主義
３人の空想的社会主義者の特徴を整理しよう

2 マルクスの思想
疎外論と唯物史観をよく理解すること！

3 マルクス以後の社会主義
マルクスを継承する立場と批判する立場の主張を整理しよう

1 マルクス以前の社会主義

19世紀初頭のヨーロッパでは、産業革命とともに急増する都市労働者が悲惨な境遇へ追い込まれており、もはや社会体制の根本的変革しかないという**社会主義**思想が生まれました。社会主義とは、**資本主義の矛盾を克服し、より公正・平等な社会をつくろうという思想・運動**のことです。

社会主義の思想

資本主義の矛盾		私有財産制の否定	公正・平等な
貧富の差の拡大 恐慌の発生など	そこで……	生産手段の公有化 計画経済	社会！

 社会主義といえばマルクスですよね。

そうですね。ただ、マルクスにも先駆者がいる。特に次の３人ですね。

> ## 空想的社会主義者たち
>
> 資本家＋労働者
>
> ▶**サン゠シモン**（仏、1760〜1825）：『**産業者**の**教理問答**』を著し、働く者の社会（**産業社会**）の創設を主張。
>
> ▶**フーリエ**（仏、1772〜1837）：農業を中心として調和のとれた協同組合（**ファランジュ**）を基礎とする共同社会の建設を主張。
>
> ▶**オーウェン**（英、1771〜1858）：**工場経営者**として労働環境の改善により事業を成功に導き、アメリカで共産主義的な共同体**ニューハーモニー村**をつくるが、失敗。

サン゠シモンは、名門貴族の出身でありながら革命運動に挺身したり投機で荒稼ぎしたりと、じつに破天荒な生涯を送った人物です。彼の思想は、「産業者の社会をつくれ」の一点に尽きます。産業者とは「働く者」すべてを指し、**労働者**だけでなく**資本家**なども含んでいます。その他の王侯貴族や僧侶たちは、社会の寄生虫にすぎないとされます。

フーリエは、サン゠シモンとはちがい、産業が労働者を搾取する現実に目を向け、人間が最も調和的に生きることができるのは1620人で構成される協同組合**ファランジュ**だとして、これにもとづく共同社会の建設を説きました。

最後が**オーウェン**。彼は**工場経営者**として**労働時間を短縮**したり、工場内に就学前の児童のための学校をつくるなど、労働者の福利厚生を拡充し、それで経営的にも大きな成功をおさめました。彼は「**人間は環境の産物である**」との信念から、生活環境の改善によって人間と社会をよりよいものにしようとしたんです。労働組合や協同組合の運動も推進していますよ。そして、その集大成がアメリカでつくった**ニューハーモニー村**という一種の共産主義の実験だったのですが、これは失敗してしまいました。

彼らはいずれも先駆者として重要だけど、マルクスとその盟友エンゲルスから見れば、その思想は**空想的**（ユートピア的）と言わざるをえない限界をもっていました（だから**空想的社会主義**と呼ばれる）。そこでマルクスたちは、彼らの限界を乗り越える新しい社会主義を目指したのです。

2 マルクスの思想

さて、いよいよ社会主義思想の大本命である**マルクス**（1818〜83）について見ていきましょう。彼は、盟友の**エンゲルス**（1820〜95）とともに革命運動とそれを基礎づけるための理論を完成させることに生涯を捧げた哲学者です。

マルクス

大著『**資本論**』などで経済学の分野でも大きな貢献をしており、現実世界に与えた影響という点では、古今東西のあらゆる思想家のなかでも、イエスやブッダに引けをとらないほど巨大な人物と言っていいでしょう。

ソ連崩壊後、マルクスの知的権威は大きく落ちこみましたが、**社会主義思想**、**ドイツ観念論哲学**、**古典派経済学**といった広範な知的財産を吸収して構築されたマルクスの理論体系は、今日でもなお社会科学の諸分野をはじめ絶大な影響をもっています。

> **実践の哲学**
>
> 「これまで哲学者たちは世界をあれこれと**解釈**してきたにすぎない。しかし、肝心なのはそれを**変革**することである」
> （マルクス『フォイエルバッハに関するテーゼ』）

 では、マルクスの思想は空想的社会主義とはどうちがうんですか？

マルクスとエンゲルスによれば、空想的社会主義は、資本主義に問題があることは指摘しましたが、その**経済学的分析**が不十分だった。また資本主義に代わる理想的社会を描写しましたが、**理想を現実化するための道筋**を示せなかった。ひとことで言えば、絵に描いた餅にすぎなかったというわけです。

では、マルクスはどのように資本主義を分析したのでしょうか。

> **資本主義における人間の疎外（そがい）**
>
> 人間の本質（類的本質（るいてきほんしつ）） … { ● 労働による自己実現 ● **社会的連帯** }
>
> しかし 資本主義のもとでは労働が**苦役（くえき）**に（労働の疎外）
>
> ➡ 社会変革＝すべての人間の解放が必要
>
> ➡「**万国（ばんこく）のプロレタリアート（労働者）**よ、団結せよ！」

　これは、マルクスが26歳のときに書いた『経済学・哲学草稿（そうこう）』などで展開されている議論です。

　マルクスは、**労働**こそが人間の本質だと考えます。たとえば彫刻家にとっての彫刻とは、彼らの内面を客観化する営みですよね。このように、労働とは**自己実現**の営みにほかなりません。

　ところが、マルクスの時代には、子どもが毎日15時間もの労働を強いられるような悲惨な状況があり、本来喜びであるはずの労働は**苦役**になり果てていました。このように、労働が非人間的なものとなってしまうことを**労働の疎外**と言います。もう少し一般化して、資本主義では人間が非人間化されてしまうとも言います（人間疎外）。

> でも、なぜ、資本主義では疎外が起こるんですか？

　その原因は、労働者階級（**プロレタリアート**）が**労働力を資本家に商品として売る**ほかない「賃金奴隷」にすぎず、労働者の生み出した富が資本家によって**搾取（さくしゅ）**されるという構造にあります。

　これは、個々の資本家の強欲（ごうよく）さの問題ではなく、資本主義という経済システムの問題です。だから、問題の解決のためには、資本主義のしくみを丸ごと転換（＝**革命**）するしかなく、またその担（にな）い手はこの社会で抑圧されている労働者階級以外にない。さらに、労働者階級の利害は国境を越えて万国（ばんこく）共通であるから、団結は可能だし、またすべきなんです。こうして、『共産党宣言』は、次の言葉で締（し）めくくられます。「万国のプロレタリアートよ、団結せよ！」と。

> なるほど。でも、資本主義を変えることなんて本当に可能なんでしょうか。

　少なくとも、マルクスは、資本主義の転換が**歴史の必然**だと考えました。それを説明するのが**唯物史観（ゆいぶつしかん）**（**史的唯物論（してきゆいぶつろん）**）です。

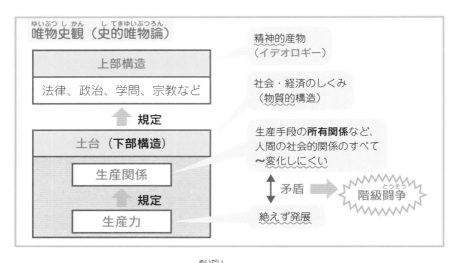

唯物史観（史的唯物論）

精神的産物
（イデオロギー）

上部構造

法律、政治、学問、宗教など

↑ 規定

社会・経済のしくみ
（物質的構造）

土台（下部構造）

生産手段の**所有関係**など、
人間の社会的関係のすべて
〜変化しにくい

生産関係

矛盾 ➡ 階級闘争

↑ 規定

生産力

絶えず発展

　唯物史観における最も核心的な命題は「**土台が上部構造を規定する**」というものです。**土台**とは社会・経済のしくみのことで、**上部構造**とは法律や学問などの人間の精神的産物を指します。

　空想的社会主義者たちは、人々が考え方を改めたり法律を変えたりすれば社会を正すことができると考えていました。ところが、マルクスによると、社会のしくみは人間の意識から独立した物質的な構造をもっており、これが土台となって人々の意識を規定している。だから、土台を変えずに上部構造だけを変えるというのは無理な相談なんです。

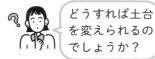

どうすれば土台を変えられるのでしょうか？

　まず、経済的土台は**生産力**と**生産関係**からなるのですが、このうち生産力のほうは絶えず発展します。ところがこれに対して生産関係のほうは変化しにくい。生産関係というのは、要するにどの階級が生産手段を所有しているかということです。この所有関係というのは、法律や宗教（つま

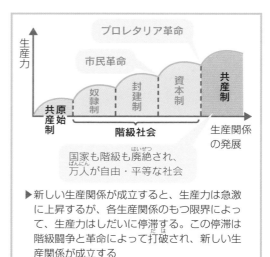

▶新しい生産関係が成立すると、生産力は急激に上昇するが、各生産関係のもつ限界によって、生産力はしだいに停滞する。この停滞は階級闘争と革命によって打破され、新しい生産関係が成立する

り上部構造）によって正当化されるので、いったんでき上がると、なかなか変えられないんです。

　だから生産力がある程度向上すると、生産力と生産関係とのあいだには**矛盾**が発生する。この矛盾は、古い生産関係を維持しようという階級と、これを改めようという階級とのあいだの**階級闘争**として現れる。そして、これが**革命**として爆発すれば、新しい生産関係がつくられ、上部構造もこれに対応して新しいものとなります。

> なるほど、それで人類の歴史は階級闘争の歴史だと言われるのですね。

　そう。そして、今日（こんにち）では**資本家階級（ブルジョワジー）**と労働者階級（プロレタリアート）の闘争がさまざまな場面で行われています。なお、来たるべき**共産主義社会**では国家も階級も廃絶され、万人が自由で平等な社会が訪（おとず）れるので、この階級闘争は労働者階級だけのためのものではなく、**全人類の解放**のためでもあるとされます。

　この階級闘争史観には、矛盾こそが発展の原動力であり、歴史において自由が実現されるという**ヘーゲルの影響**を見ることができますね。

　マルクスにとって社会発展は法則的なものであって、資本主義がその矛盾にもとづいて乗り越えられるのは、**歴史の必然（ひつぜん）**だったのです。

3 マルクス以後の社会主義

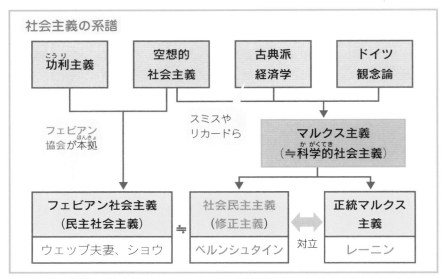

社会主義の系譜

マルクス以後の社会主義は、**マルクスの科学的社会主義を継承するグループ**と、**マルクスから距離をとるグループ**とに分裂していきます。

このうち、マルクスを正しく継承すると称する正統マルクス主義は、ロシア革命を指導した**レーニン**（1870～1924）によって代表されます（したがって、この立場をマルクス・レーニン主義と言うこともある）。レーニンは、革命家としての生涯のうち20年近くを亡命者として生き、そのあいだに『**帝国主義論**』をはじめとする多くの著作を残しています。その思想の骨子は、次のようなものです。

レーニン主義の基本的主張

- 資本主義は**帝国主義**という最終段階に入った
- 議会を通じた改革／革命は不可能 ➡ **暴力革命**は不可避
- 革命の成功後にはプロレタリア独裁が必要（民主的議会を否定）
- 前衛党（共産党）が革命運動を指導すべき

しかし、国際共産主義運動のなかには、レーニンの急進的立場に賛同せず、議会制民主主義の進展した今日では、**議会を通じた改革**（≠革命）を目指すべきだという穏健な動き（**社会民主主義**）も登場しました。その主唱者は**ベルンシュタイン**（1850〜1932）です。

 改革と革命は、どうちがうんですか？

改革は**資本主義の枠内**で労働者の権利などを拡充しようというものですが、**革命**は**資本主義を転換して一挙に社会主義の実現を図る**ものです。

ベルンシュタインは、マルクス没後にエンゲルスが指導していたドイツ社会民主党のメンバーでした。でもしだいに資本主義が必然的に崩壊するというマルクス主義の理論に疑問を抱くようになり、イギリスのフェビアン協会とも交流するなかで、時代の変化に対応することが必要だと考えるようになったのです。しかし、これには党内でも反発が大きく、**修正主義**と呼ばれて厳しく批判されました。

ちなみに、ドイツ社会民主党は、第二次世界大戦後にマルクス主義を放棄し、何度も政権を担う大政党となっているんですよ。

ベルンシュタインに影響を与えたイギリスの**フェビアン協会**は、功利主義の社会改良主義と伝統的な労働組合運動を背景につくられたグループで、今日に続く**労働党**の母体です。思想的には**民主社会主義**と呼ばれることもありますが、社会民主主義とほぼ同じで、やはり議会制民主主義を擁護しつつ、社会の漸進的改良を目指しています。

⬆⬆社会主義と共産主義

マルクスとマルクス主義者たちにとって、**社会主義**と**共産主義**の定義には揺れがある。一般には、広い意味で共産主義という場合にはそこに社会主義を含み、社会主義は共産主義の低い段階だと言われる。この段階では国家が存続しており、「能力に応じて働き、労働に応じて分配される」。

これに対して、せまい意味での共産主義、国家が廃絶されたあとの高次の共産主義と言う場合には、社会主義を乗り越え、「能力に応じて働き、必要に応じて受け取る」ことができるという理想が実現している社会を意味する。

14 実存主義

この項目のテーマ

1 キルケゴールと実存主義
実存主義の根本性格とキルケゴール哲学のキーワードをおさえよう
2 ニーチェ
ニヒリズム、ルサンチマン、運命愛など重要用語をチェック！
3 危機の時代の実存哲学
ヤスパース、ハイデッガー、サルトルによる実存主義の展開

1 キルケゴールと実存主義

　啓蒙思想家たちは**近代**（＝**理性の時代**）を限りなく明るいものとして思い描いていましたが、マルクスたちが問題にしたように、近代とは社会のひずみが浮き彫りになった時代でもありました。このひずみに対し、**社会変革**ではなく**人間のあり方をとらえ直す**ことを目指そうとしたのが、19世紀後半のヨーロッパに現れた実存主義です。

　実存主義は、マルクスの同時代人であるキルケゴールに始まると言えますが、まず**実存主義とは何か**ということを整理しましょう。

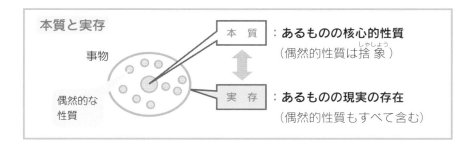

本質と実存

事物

偶然的な性質

本質：**あるものの核心的性質**
（偶然的性質は捨象）

実存：**あるものの現実の存在**
（偶然的性質もすべて含む）

　まず「実存」という言葉が難しいですね。これは「本質」と対比される哲学用語です。**本質（essence）とはあるものの核心的な性質**のことであり、偶然

的な性質は捨象されています。たとえば、「くつ」の場合は「足を入れて歩行するための道具」というのがその本質です。これに対して、**実存**（existence）とは**あるものの現実の存在**を意味しており、あらゆる偶然的な性質もそこに含まれます。だから、個物におけるどうでもよいような性質、たとえばこのくつの実存には、そのニオイや汚れ方などもすべて含まれていることになります。

以上の区別を前提にしたとき、もし人間を本質においてとらえようとするならば、**本質にくみ尽くせない実存**（＝個性）は切り捨てられてしまうことになります。そこで、「この私は世界に一人しかいない！」ということにこだわる立場が実存主義なのです。

なるほど。それで、キルケゴールがその先駆者（せんくしゃ）なんですね。

キルケゴール

そういうことです。**キルケゴール**（1813〜55）は、ヘーゲル哲学が圧倒的な影響力をもっていた時代にあって、ヘーゲルの体系への根本的批判を試みたデンマークの哲学者です。

キルケゴールの思想 ◆主著：『死（し）に至（いた）る病（やまい）』

● 同時代への診断〜現代は「水平化の時代」である

　　　　　　　　　　　人間が画一化・平均化している

　➡ 倫理的な**責任**を負い、**決断**する**主体**となるべき

● ヘーゲル批判〜**私だけに妥当（だとう）する真理**を選びとることが重要

　　　（＝**主体的真理**）

キルケゴールは、現代は「**水平化の時代**」だと嘆いています。これは、だれもが横並びで個性を失ってしまっている現状を批判した言葉です。近代以降には人間の平等がうたわれるようになりましたが、皮肉にも人々が自分自身の存在意義を実感できないような事態が進行してしまったのです。だから、現代の課題は、失われた**主体性**を取り戻すことだということになります。

キルケゴールは、ヘーゲルの何が気に入らなかったんですか？

ヘーゲルが想定していた真理は、万人（ばんにん）にあてはまる**客観的真理**です。でも、

キルケゴールに言わせると、1＋1＝2のような命題（めいだい）は、**ほかならぬこの私**の生には関係ない。大切なのは、この私だけにあてはまる真理、すなわち**主体的真理**なのです。

主体的真理

「**私にとっての真理であるような真理**を発見し、**私がそのために生き、そしてそのために死にたいと思うようなイデー**（理念（りねん））を発見することが必要なのだ」

（『キルケゴールの日記』）

たとえば、生涯の伴侶を選ぶときに、有力な候補者が2人いて迷ったとしましょう。こんなとき、ヘーゲルだったら矛盾を弁証法的（べんしょうほう）に統一して「一方を愛人にすればよろしい」とでも言いかねない（ちなみに、ヘーゲルには隠し子がいた）。でも、キルケゴールによると、断固として一方を選び他方を捨てる決断をしなきゃいけない。つまり「**あれも、これも**」の生き方は否定され、主体的に「**あれか、これか**」を選ばなければならないのです。こうした選択には客観的な正解はなく、あくまで私だけにとっての真理です。キルケゴールは、こうした主体的真理のみが真理の名に値すると考えたのです。

キルケゴールによると、以上のような**実存的な生き方**は、右下の3段階で展開される。快楽を追求する美的実存でも、カントのように義務を果たそうと努力する倫理的実存でも、人は絶望に突き当たってしまう。こうした「**死に至る病**（いた）（やまい）」としての絶望から逃れるためには、理性でくみ尽くせない不条理な神を信じきること、しかも教会の一員としてではなく**単独者**としてたった一人で神と向き合う**宗教的実存**しかない。

キルケゴールのこの情熱的な信仰は、同時代人の作家**ドストエフスキー**が『罪と罰』（つみ）（ばつ）や『カラマーゾフの兄弟』で描いている世界ときわめて似ています。読んだことのない方はぜひ読んでみてください。

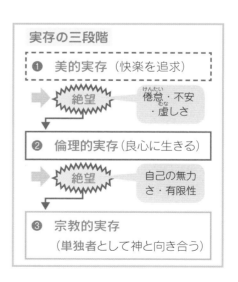

実存の三段階

❶ 美的実存（快楽を追求）

絶望 → 倦怠（けんたい）・不安・虚しさ（むな）

❷ 倫理的実存（良心に生きる）

絶望 → 自己の無力さ・有限性

❸ 宗教的実存（単独者として神と向き合う）

2 ニーチェ

　ニーチェ（1844〜1900）は、弱冠24歳にしてスイスの名門大学で古典文献学の教授に任命された天才。でも、学問の世界では評価されず、大学を去って『ツァラトゥストラはこう語った』など文学的なスタイルの哲学書を次々と発表した末に、44歳のときに発狂し、その11年後に世を去りました。晩年には、自分はかつてブッダであったとかナポレオンでもあったなどと告白（？）する手紙を書いたりしています。かなりエキセントリックな人物ですが、間違いなく天才です。哲学が「自分の頭で考えること」を意味するのだとすれ

ニーチェ

ば、ニーチェほど哲学者の称号にふさわしい人物もそういないでしょう。

　さて、19世紀後半のヨーロッパを生きたニーチェは、同時代を「ニヒリズムの時代」と診断しています。ニヒリズムとはもともと「虚無主義」といった意味で、ニーチェのニヒリズムは「価値喪失」と理解するといいます。要するに人々が**心の拠りどころ**を失ったということです。

 それって、キリスト教が信じられなくなったということですか？

　そうですね。ニーチェは「**神は死んだ**」という有名な言葉を残していますが、彼は、神は人々によって殺されたとも言っています。この謎めいた言い回しを理解するためには、ニーチェがキリスト教をどう理解したのかを知る必要があります。ニーチェによると、キリスト教は、不健全な「**畜群**」本能＝強者への**ルサンチマン**（恨み、妬み）に由来する**奴隷道徳**にすぎません。

　キリスト教は、大変な迫害を受けながら形成されました。だから、迫害される弱者たちは、現実世界での救いや希望がいっさいないために、空想の世界で強者たちに復讐するべくキリスト教とその神をつくった、

キリスト教の起源

強者　　　　迫害　　　　弱者

「金持ちになりたい、でもなれない」
➡「金持ちは地獄に落ちる」

強者へのルサンチマン（怨恨）から、想像の世界で復讐（**キリスト教の創造**）

というのです。キリスト教では、**天国は貧しき者のものである**とされ、**金持ちが天国に行くのは、ラクダが針の穴を通るより難しい**、などと言われます。でも、これはニーチェによると、本来の欲求（「金持ちになりたい」など）が実現不可能なために欲求そのものを改竄（かいざん）し、**自分の弱さや無能さを正当化しようという、不健全で歪（ゆが）んだ発想**です。

　そして、キリスト教は、科学の発展とともにしだいに不要とされるようになっていきました。つまり、神は人々によってつくられましたが、いまや用済みになって殺されたのです。もっとも、ヨーロッパ人たちは自分たちが神を殺したことに気づいていない。気づかないままにいっさいの羅針盤（らしんばん）を見失ってしまっていたのです。

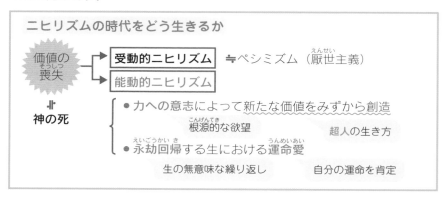

ニヒリズムの時代をどう生きるか

価値の喪失（そうしつ） → 受動的ニヒリズム ≒ ペシミズム（厭世主義（えんせい））
　　　　　　　→ 能動的ニヒリズム

‖
神の死
● 力への意志によって新たな価値をみずから創造
　　　　　根源的な欲望（こんげんてき）　　　　　超人の生き方
● 永劫回帰（えいごうかいき）する生における運命愛（うんめいあい）
　　　　生の無意味な繰り返し　　　　自分の運命を肯定

　たしかに、神は死んで価値は失われてしまった。でも、ニヒリズムの状況をただ嘆く（**受動的ニヒリズム**）のではなく、むしろそれをチャンスとしてとらえて**新たな価値**をつくるべきだというのがニーチェの主張です（**能動的ニヒリズム**）。

「新たな価値」とは？

　キリスト教やカント哲学など、善悪の基準にはさまざまなものがあるけれども、これらはいずれも既成の道徳にすぎません。ニーチェは、そうした常識にいっさい縛られずに、**私が欲するものを善とみなすべき**だというんです（『善悪の彼岸（ひがん）』）。これは、世間一般の道徳を無視しろというのだけど、けっして不道徳の勧（すす）めではありません。自分の根源的な欲望（＝**力への意志**）に忠実であれ、つまり、人生の意味は与えられるものではなく自分自身で創造すべきだ、という教えなのですね。このように、みずから価値を創造する生き方ができる

人間像は**超人**と呼ばれます。

 「**永劫回帰**」というのは、なんですか？

　永劫回帰とは、人生は無限に繰り返されるものであり**意味も目的もない**、という考え方です。あなたの人生にめでたいゴールのようなものはない、などと言われたら普通はがっかりしますよね。でも、これを自覚するからこそ今のこの瞬間を大切にすることができるんです。

　過酷な運命を背負わされると、運命を呪いたくなるものです。でも、その過酷な運命こそがむしろ自分の望んだものなのだと断言する勇気と力強さ（運命愛）があれば、その人は本当に輝かしい人生を送れるでしょう。ニーチェはこう言います。「**これが人生だったのか、さればもう一度！**」

　ニーチェは、**同情**や**哀れみ**にはとことん冷たい。でも、苦しいときに運命と全力で戦おうという勇気を与えてくれるものであることもたしかです。「自分らしく生きよ！」「今を生きよ！」というメッセージとして受け止めたらいいのではないかと思います。

ポイント ▶ **ニーチェの思想**

- キリスト教は強者への怨恨（**ルサンチマン**）に由来する奴隷道徳
- 既成の価値にとらわれず、みずからの欲望（**力への意志**）にもとづいて新たな価値を創造する**超人**が理想のあり方
- 人生には意味も目的もない（**永劫回帰**）が、だからこそその生を全面的に肯定すべき（**運命愛**）

3 危機の時代の実存哲学

　20世紀前半にヨーロッパは2つの大戦を経験しました。経済・文化の最先端がアメリカに移るなか、荒廃したヨーロッパに生きる人々は西欧の没落を実感し、精神的にも危機の時代を迎えます。そんな状況に現れたのが、ヤスパース、ハイデッガー、サルトルの実存哲学です。

　まずは**ヤスパース**（1883〜1969）から。

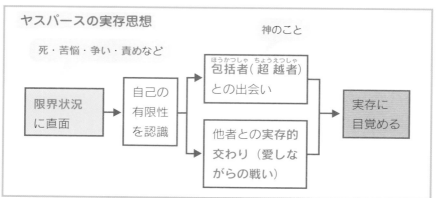

　ヤスパースが生きたのは、機械文明と**ナチズム**の時代でした。彼は、妻がユダヤ人だったために大学の教授職を追われ、大変な辛酸をなめました。こうした危機の時代を生きたことから、ヤスパースは人間が本当に自分らしく生きる（実存に生きる）ための条件を考え抜いたんです。

　ヤスパースによると、**死・苦悩・争い・責め**（罪責感）などの限界状況に直面したときに、人は初めて打ちのめされ、挫折を余儀なくされます。これは、キルケゴールの言う「絶望」にきわめて近い経験です。

 挫折すると、どうなるんですか？

　挫折してこそ、人は自分のあり方を反省し、真の生き方を模索できるようになる。自分の卑小さを悟ることで、その自分を包み込む包括者（超越者）の存在を知ることができるのです。これは、ほぼ**神**のことを指すと思っていいでしょう（神を目指す実存）。

　また、このような壁に直面したときに初めて**他者**に気づき、自分の心を他者に開き、せまい自己の殻を破ることができるようになります。これが**実存的交わり（愛しながらの戦い）**です。苦しいときにこそ真の友が見え、真の友情が

理解できるものですね。こうしたことによって、人は真の自己（＝実存）を獲得することができるようになります。

　なお、ヤスパースは実存を解明するための道具として**理性**の働きを重視しています。実存主義者の多くは近代的理性に否定的だったので、この点は特徴的ですね。

第**2**章 西洋近現代思想

> ### ポイント　ヤスパースの思想
>
> 　**限界状況**に突き当たることで、人は**包括者**を知ることができるようになる。実存は、ともに生きる他者との全人格的な交流（**実存的交わり**）によって解明される。

　さて、今度は**ハイデッガー**（1889〜1976）です。ハイデッガーは主著『**存在と時間**』などで「20世紀最大の哲学者」と評価される大哲学者ですが、**ナチ党**に入党し、ナチ党とドイツ民族の歴史的使命を訴える演説まで行ってしまった人物でもあります。

> それはまずいですね。哲学者としてはどんなことを主張したんですか？

ハイデッガー

　現代人は**日常生活**（**日常性**）に埋没し、**本来の自己**（**本来性**）というものを見失っている、というのがハイデッガーの基本的発想です。一種の**大衆社会論**と考えてもいいでしょう。

　なお、彼自身は自分の哲学を「実存主義」とは考えておらず、あくまで存在そのものについて問う**存在論**がみずからの仕事だとしています。**何かが存在するとは、はたしてどういう意味なのか**、という問いです。

> すみません、なんのことかまったくわかりません。

　たしかに難しい問題ですね。「存在とは何か」というのが非常に難しい問いであることは、彼も十分に自覚していました。そこで、ハイデッガーは、存在そのものではなく、まず**われわれ人間がどのように存在するのか**ということから明ら

2つの存在者

- **事物的存在者**（モノ）
  ：単に存在するだけ
- 現存在（人間）
  ：存在の意味を問う

かにしようとします。

　なぜ人間を主題に据えるかというと、人間は**事物的存在者**（＝モノ）とは明らかに存在の仕方が異なっているからです。モノは**単に存在する**だけですが、人間は**存在の意味を問う**特別な存在です。そこにおいて存在の意味が明らかにされる場所であるという意味で、人間は**現存在**と言われます。とりあえず「現存在」＝人間だと思ってください。

　さて、ではその現存在（人間）はどのように存在しているのでしょうか。結論から言うと、**世界－内－存在**というのが現存在のあり方です。

 世界のなかに存在しているということ？　当たり前じゃないですか。

　そう誤解されやすいところなのですが、それじゃモノと同じことになってしまいます。ハイデッガーの言う「世界」とは、容器のようにあらかじめ存在する物理的・客観的なものではありません。世界とは人間によって意味づけられた道具（モノ）の体系であって、要するに「私にとっての世界」です。人間はモノを必ず自分との関係において把握する。つまり、デカルトのように世界の外部から世界を客観的にながめるようなことは不可能であって、人間はつねに世界の内側から世界を解釈しつつ生きています。このように、人間は周囲のものを**配慮**し、それへとかかわりながら生きる存在です。この事態を、ハイデッガーは世界－内－存在と言い表しました。なお、ここで言う「配慮」とは「親切にする」といった意味ではなく、自分との関係を推し量るという意味でも、「**関心**」「**気遣い**」などとも訳されます。

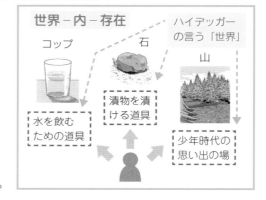

世界－内－存在

ハイデッガーの言う「世界」

コップ
水を飲むための道具

石
漬物を漬ける道具

山
少年時代の思い出の場

　ところで、さまざまなものを配慮すると、人は自分がたまたま世界に投げ出された存在にすぎないことに気づき、**不安**になる。

 不安になると、どうなるんですか？

　一方には、不安に耐えきれず周囲の人々に同調するだけの**ダス・マン**（**世人・ひと**）へと**頽落**する道がある。これは、存在の意味を問うという現存在の本来のあり方を見失った（**存在忘却**し**故郷喪失**した）**非本来的生き方**です。

でも、他方には、日常性に埋没したあり方に疑問を抱き、自分が「**死への存在**」であることを自覚する道もある。「死への存在」とは、人間が死を避けられないという根源的事実のことで、多くの人はこれを直視せずに生きています。しかし、「**良心の呼び声**」に耳を傾け、この事実を本当に直視することができれば、人間は**本来的生き方**（自分だけの固有の生き方）に目覚めることができる。たとえば、医師から突然「余命1か月です」と宣告されたら、どんな人だって生き方がガラリと変わるでしょう(本来性に目覚める)。僕らはいずれ確実に死ぬのだから、かけがえのない一日一日を真剣に生きたいものですね。

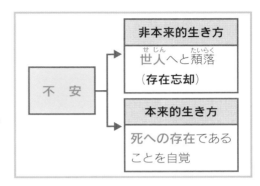

非本来的生き方	世人へと頽落（**存在忘却**）
本来的生き方	死への存在であることを自覚

（図中：不安 →）

ところで、肝心の「存在とは何か」という問いの答えはどうなったのですか？

　じつは、『存在と時間』は予定の半分も書くことができず、その答えは謎のままに残されてしまいました。ハイデッガーの真意については、今なお研究者たちによって議論が続いています。

ポイント ▶ ハイデッガーの思想

- 人は絶えず世界に意味を与えつつ生きる**世界－内－存在**である
- ただ日常性のなかを生きるのは、**ダス・マン**へと頽落した生き方
- 自分が**死への存在**であることを自覚すれば、人は本来性に目覚める

⬆⬆ フッサールと現象学

　ハイデッガーの師・**フッサール**（1859～1938）は、哲学を確実な基礎の上に再構築するために**現象学**という新しい哲学を創始した。それによると、従来の哲学は、意識の外部に客観的世界が存在することを素朴に信じていた。しかし人はどうしても意識の外部に出ることができない以上、そうした外部の世界を前提とし、内なる意識をないがしろにする学問は、不確実なものと言わざるをえない。そこでフッサールは、世界の実在を素朴に信じる**自然的態度**をいったん停止（**エポケー**）し、意識に現れる現象をそのままに記述することで、確実な学問をつくり上げることができると考えた。

最後は、**サルトル**（1905〜80）。作家としても活躍（ノーベル文学賞の受賞を拒否（！）した）し、大学に籍を置かずに街のカフェで哲学を論じた（主著『**存在と無**』もカフェで書き上げた）自由な哲学者でもあり、「行動する知識人」としても著名でした。彼の葬儀には5万人もの民衆が集まったんですよ。

サルトル

 どんなことを主張した人なんですか？

サルトルは、人間が果てしなく<u>自由</u>な存在であるということを強調し、その喜びと<u>責任</u>の重さとを訴えました。では、なぜ人間が自由なのか？　次の板書を見てください。

実存と自由

| モノ | 「**本質が実存に先立つ**」 モノは本質があらかじめ与えられている |
| 人間 | 「**実存が本質に先立つ**」 人間は自分の本質をみずからつくることができる |

ハサミの本質（≒定義）は紙を切ることであり、ハンマーの本質は釘などをたたくことです。これらの道具の本質は、道具として現実に存在する（実存する）よりも以前から、つまり作製される以前から、それらを作製する職人の頭のなかで存在していたはずですよね。これをサルトルは、モノは「**本質が実存に先立つ**」と言います。

ところが人間の場合、生まれた瞬間にはまだ何者でもない。ただ<u>実存</u>するだけです。その人の<u>本質</u>は、その人自身がつくり出すのです。たとえば、「私は弁護士だ」と自己紹介できる人物は、弁護士という自己の本質を自分の努力でつくり上げたというわけです。このことをサルトルは、人間は「**実存が本質に先立つ**」と言います。

キリスト教は神が人間の本質をつくったと考えるけれども、**無神論者**であるサルトルにとって、「**人間はみずからつくるところのもの以外の何ものでもない**」んですね。

今の自分は過去の自分がつくったということですか？

　そうですね。そして未来の自分は今日の自分がつくることになります。サルトルによれば、モノとはちがい、人間はいつでもどこでも完全に<u>自由</u>です。だから、たとえ牢獄（ろうごく）のなかにあっても人は自由です（詩をつくるとか筋トレをするとか、何かしら選択肢はある）。

　でも、このようにすべてが自由だということは、すべてに責任を負わなければいけないということです。すべてあなたが自分で選んだことだ、というわけですからね（成績不振を会社のせいにするのは間違っている！）。このことを、サルトルは「**人間は自由の刑に処せられている**」と表現しています。

 自由って、なかなか重たいものなのですね。

　そうですね。しかも、私たちが選択した行為は自分の将来のみならず、全人類に影響を及ぼします。懸命に勉強して医者になれば多くの人の命を救えるかもしれないし、今、自分の選挙で投じる一票で日本の将来がほんの少し変わるかもしれません。僕らの一瞬一瞬の選択が人類のあり方を動かすことになるわけだから、責任重大です。

　でも、だからこそこの責任を積極的に引き受けて**アンガージュマン**（**自己拘束（こうそく）＝社会参加**）することには特別に道徳的な意義があるとされるのです。サルトルは、マルクス主義にも接近し、ベトナム戦争への反対運動などにも積極的にかかわったんですよ。

⬆⬆ ボーヴォワール

　サルトルの伴侶（はんりょ）としても知られる哲学者・作家の**ボーヴォワール**（1908〜86）は、主著『**第二（だいに）の性（せい）**』で「**人は女に生まれない、女になるのだ**」という有名な言葉を残した。**ジェンダー**としての「女らしさ」が歴史的に形成されたものでしかないことを先駆的に主張したものと考えられている。

15 現代のヒューマニズムと現代正義論

この項目のテーマ

1 現代のヒューマニズム
ヒューマニストたちは、プロフィールが重要！
2 現代正義論
ロールズとセンが説いた現代の正義論とは？

1 現代のヒューマニズム

　西洋近代思想は、人間性の尊重という**ヒューマニズム**を基調とするものだったし、人類の進歩を信じてきました。

　ところが20世紀の世界は、それまでに人類が経験したことのない戦争や大量殺戮の時代でした。こうした**戦争と暴力の時代**にあって、人種や宗教などを超えて、あくまで**非暴力**の手段によって人間性を回復するために闘った思想家たちが現れました。彼らの思想を**現代のヒューマニズム**と呼びます。

文学者たちのヒューマニズム

- トルストイ（1828〜1910）　◆主著：『戦争と平和』
  - 勤勉な**農民**の生活を範とし、キリスト教的**博愛主義**と**非暴力**を主張

- ロマン・ロラン（1866〜1944）　◆主著：『ジャン・クリストフ』
  - 第一次世界大戦にさいして**絶対平和主義**の立場から反戦を主張
  - 第二次世界大戦では**戦闘的ヒューマニズム**の立場から反ファシズムのレジスタンスを支援

  平和の敵とは闘うべし！

　トルストイは『**戦争と平和**』などで知られる屈指の大文豪ですよね。彼は名門貴族の出身だったんですが、教養と洗練を競う**貴族社会の偽善**（19世紀ロシアの貴族は日常的にオシャレ（？）なフランス語を使っていた）や、支配層と結託した教会に見切りをつけて、黙々と大地を耕し純朴な信仰生活に生きる

ロシアの農民たちの生き方こそが理想だと考えました。また、飢饉に際しては支援活動を大規模に展開し、日露戦争に際しては**非暴力主義**の立場からこれを批判するなどして、世界的な名声を博しました。

そして82歳のときに、家族と財産を捨て、清貧の理想を貫き農夫として生きるための旅に出て、肺炎で死んだのです。

 ずいぶんと極端な人ですね……。

ですね。そのトルストイから強い影響を受けたのがフランス人の**ロマン・ロラン**。彼は、代表作『**ジャン・クリストフ**』でノーベル文学賞を受賞しています。作曲家ベートーヴェンをモデルにし、さまざまな苦悩を突き抜けて人生を生き抜くという人間賛歌です。

第一次世界大戦が勃発した当時のヨーロッパは、愛国心による好戦ムード一色でしたが、彼は時流に抗して**絶対平和主義**の立場から反戦を訴えました。ただその後は、ロシア革命を支持する姿勢を明らかにし、第二次世界大戦の際には反ファシズムの旗を高く掲げ、平和の敵には断固として闘うという<u>戦闘的ヒューマニズム</u>の姿勢を表明しました。彼のこの姿勢は「世界の良心」などと評されたんですよ。

キリスト教的な奉仕の実践者　　通称「密林の聖者」

- ● シュヴァイツァー （1875〜1965）　◆ 主著:『水と原生林のはざまで』
  - ● アフリカで医療活動と伝道活動に従事
  - ● 生命への畏敬を基礎に、自然界のあらゆる生命を尊ぶべきことを説き、反核・反戦運動にも取り組んだ
- ● マザー・テレサ （1910〜97）
  - ● カトリックの修道女としてインドで貧民のための奉仕活動
  - ● **精神的なケア**が重要との認識から「**死を待つ人々の家**」を開設

シュヴァイツァーは哲学・神学・医学の3つの博士号をもち、バッハ研究者・オルガン奏者としても超一流という人物です。アフリカで傷病に苦しむ人々を救いたいという決意から、30歳になって医学を学び始め、地位と私財をなげうってアフリカに渡り、医療活動と伝道活動を献身的に行いました。

彼はあるとき、カバの群れが悠然と渡河するのを目撃し、**生命への畏敬**というキーワードを思いつきます。つまり、キリスト教の伝統における隣人愛を超え、あらゆる「**生きようとする意志**」ある生命は等しく価値があるというわけです。この原理を信条とした彼は、反戦・反核運動にも熱心に取り組むようになり、1952年にはノーベル平和賞章を受賞しました。

シュヴァイツァー

なるほど、たいへん献身的な人だったんですね。

　献身的といえば**マザー・テレサ**も有名ですね。カトリックの修道女としてインドに派遣されると、貧しい人たちに奉仕することをキリスト者としての使命と考え、生涯を奉仕活動に捧げました。

　貧しい人の世話をすることはキリストへの奉仕であるとして、

「恵まれない人々にとって必要なのは多くの場合、金や物ではない。世のなかで**だれかに必要とされているという意識**なのです。見捨てられて死を待つだけの人々に対し、**自分のことを気にかけてくれた人間もいたと実感させること**こそが、愛を教えることなのです」

彼女は「**死を待つ人々の家**」という**ホスピス**をつくって、すべての人から見捨てられて余命短い人を引き取り、最後を看取るということを続けたんです。

　彼女はまた、孤児を引き取って教育を与え、ハンセン病患者のための施設をつくり、ノーベル平和賞の賞金も全額を寄付しました。こうした活動を死ぬまで続けた結果、彼女はインドにとって、外国出身の一民間人かつ異教徒であったにもかかわらず、国葬という最高の名誉をもって葬られたのです。

たしかに、すごいですね。でも、ヒューマニストたちの活動は現実社会を変えるまでの力をもつのでしょうか？

　次の2人などは、単に「良心」の守護者であっただけでなく、間違いなく現実世界を変革した人と言えるでしょう。

非暴力による人間の解放運動

- ガンディー（1869〜1948） 「インド独立の父」
  - 非暴力・**不服従**運動により、イギリスからの**インド独立運動**を指導
  - インドの伝統である**アヒンサー**（不殺生）などにもとづき**真理**を追究
- キング牧師（1929〜68）
  - アメリカの**公民権運動**を非暴力によって展開
  - **ワシントン大行進**を指導し、「**私には夢がある**」と演説

 ガンディーは、「インド独立の父」として有名ですね。

そうですね。彼は意外にも、少年時代には素行が悪く、名門の出身であることを鼻にかけるような人物だったようです。でも、イギリスに留学して弁護士資格をとり、弁護士活動を始めた南アフリカで人種差別問題に直面したことから、社会問題への自覚を深めていきました。

ガンディー

そしてインドに帰国してからは、粗末な民族衣装をまとい、独立運動を宗教的な真理追究と統一するようになりました。

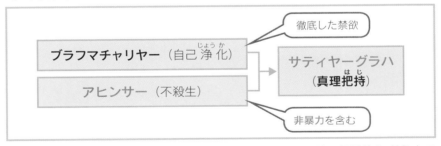

アヒンサーはジャイナ教や仏教でも重んじられるインドの伝統的な考え方で、これを社会運動にも適用することで、非暴力による独立運動が展開されました。だから、ガンディーは何度投獄されても無言の抵抗運動を貫きました。

彼は、ヒンドゥー教徒とムスリムが共生できるインドを夢見ていましたが、イスラーム勢力はパキスタンとして分離する形での独立となり、その混乱期に狂信的なヒンドゥー教徒の青年によって暗殺されてしまいました。

キング牧師の演説は、高校のときに英語の授業で聴いたことあります！

　歴史に残る名演説ですよね。あの「私には夢がある（I Have a Dream!)」の演説のとき、**キング牧師**はまだ34歳だったのですよ！

キング牧師

　さて、1950年代から60年代にかけてのアメリカでは、リンカーンの奴隷解放宣言（1863年）から100年もたっていましたが、依然として南部の各州では黒人への差別的な法律や習慣が根強く残っていました。そんなとき、ある黒人女性がバスの白人専用座席を譲らなかったことから逮捕されるという事件が起こりました。

　これを知った**キング牧師**は**バス・ボイコット運動**を呼びかけた。このころの黒人解放運動には暴力的手段に訴えるグループもありましたが、ガンディーの影響を受けていた**キング牧師**はあくまで非暴力の抵抗運動に徹することで、多くの白人の共感も勝ち取り、運動を広げることに成功したのです。そのピークが、20万人以上もの参加を勝ち取った**ワシントン大行進**（1963年）で、ここであの名演説がなされました。

　この効果はてきめんで、翌年にはあらゆる黒人差別を禁止する**公民権法**が制定され、キング牧師は史上最年少（35歳）でノーベル平和賞を受賞します。彼はその4年後、39歳のときに凶弾に倒れますが、アメリカ建国以来最も偉大な人物の一人として、今日までその不滅の業績が讃えられています。

> 「私には夢がある。ジョージアの赤色の丘の上で、かつての奴隷の子孫とかつての奴隷を所有した者の子孫が同胞として同じテーブルにつく日が来るという夢が。
>
> 　私には夢がある。私の4人の小さい子どもたちが、肌の色ではなく内なる人格で評価される国に住める日がいつか来るという夢が」

⬆⬆ ヴァイツゼッカー

　旧西ドイツ（ドイツ連邦共和国）の大統領だった**ヴァイツゼッカー**は、ナチス・ドイツの降伏40周年にあたる1985年に「**荒れ野の40年**」と題する国会演説を行い、「**過去に目をつぶる者は、現在のことも正しく見ようとしない者である**」と語り、自由民主主義の体制を守るためには過去の悲劇（ナチズム）を反省し、必要なときに勇気をもって立ち上がる市民の自覚が必要だと訴えた。

2 現代正義論

アリストテレスなど古代の哲学者にとって、「正義」が哲学的に重要な問題であるというのは自明のことでした。ところが、近代以降になると、ものの見方や価値観が多様であるということが認識されるようになり、しだいに正義についての**相対主義的な見方**が強まっていきました。どんな立場にもそれなりの言い分はあるよね、というわけです。

たしかに、声高に自分の「正義」を主張する人には、ちょっと引いちゃいますよね。

ですね。ただ、政治家の汚職や無差別テロなどのニュースを聞けば、「許せない」と思いませんか？ つまり、無意識的にせよ、僕らはたしかに何かしら「正義」の感覚をもっているんですよ。こうした点に着目し、『正義論』（1971年）で再び正面から正義を哲学的に論じて大きな話題を呼んだのがアメリカの政治哲学者ロールズ（1921〜2002）です。

ロールズ

なるほど。でも、人によって正義の基準はちがうのでは？

人によって立場も考え方もまるでちがいますからね。そこで、ロールズは、**だれもが合意できる正義の基準**を見つけるため、「**無知のヴェール**」というアイディアを提案します。これは、地位・能力・性別・人種・年齢など、自分に関するあらゆる情報を知らないものと仮定せよ、というものです。

無茶な仮定だと思うかもしれませんが、たとえば「自分が障がい者だったらどう思うか」といったことを想像することはできますね。そんなふうに、どの立場であっても採用できる正義の原理を考えるならば、万人にとって合意できる正義の原理（「**公正としての正義**」）が見出されるだろう、というわけです。

なるほど。その原理とは？

正義の二原理と呼ばれるものです。次の二原理は、どんな人であれ、無知のヴェールのもとで合意できる正義の原理ではないか、とロールズは言います。

正義の二原理

❶ 平等な自由の原理 ：基本的権利は平等に分配すべき

❷ 不平等を容認する原理：以下のケースでは不平等もやむなし

● 公正な機会均等原理

：機会を均等にしたうえで生じる不平等は仕方ない

● 格差原理

：不遇な者の境遇を改善するための不平等は是認できる

第一の原理（**平等な自由の原理**）で言われていることは、言論の自由や投票権などの基本的権利はどんな人にも平等に分配すべきだというものです。当たり前のように見えるかもしれませんが、これは主流派の経済学で暗黙の前提となっていた**功利主義への批判**という意味をもちます。社会全体の幸福の名のもとに個人を犠牲にするわけにはいかない、これが第一原理です。

でも、彼は平等主義を説くだけで議論を終わらせませんでした。**場合によっては不平等であるほうが正義にかなっているケースがある**ことを指摘します。これが第二の原理。

その一つが**公正な機会均等原理**と呼ばれるもので、**結果の平等**ではなく**機会の平等**を重視します。つまり、公正な競争の結果として不平等が生じても仕方ない、というわけです。たとえば頑張った人が資格を取得し、多く稼ぐといったことは認められる。もう一つがロールズ理論の最大のポイントで、**格差原理**と呼ばれます。これは、**社会で最も不遇な者の境遇を改善するための不平等であれば正当化できる**、というものです。具体的には、累進課税制度などがこの格差原理にもとづいて正当化されます。また、この原理は**アファーマティブ・アクション**を哲学的に基礎づけ、現実の政策に大きな影響を与えました。

アファーマティブ・アクション？　聞いたことがあるような……。

これは「**積極的差別是正措置**」などと訳される概念で、**実質的平等**を実現するために、少数民族や障がい者などを就職や入学などで優遇する措置のことです。日本でも女性を優先的に雇用するしくみといった形で制度化されています。

そんなわけで、ロールズ以降の政治哲学では、ロールズを批判するにせよ擁護するにせよ、ロールズを無視することは許されなくなりました。

へえ、大変な影響力だったんですね。ロールズへの批判にはどんなものがあるのですか？

　アマーティア・セン（1933〜）による批判が重要です。センはインド出身の経済学者で、少年時代に壮絶（そうぜつ）な飢餓（きが）を目（ま）の当たりにしたことから世界の貧困を解決するための経済学を志し、アジア人で初めてノーベル経済学賞を受賞したという人物です。

アマーティア・セン

　センは、社会正義の実現を目指すロールズの哲学に基本的に賛同しつつ、ロールズの正義論が財（ザイ）（モノ）の再配分に偏重（へんちょう）しているとして、潜在能力（ケイパビリティ）の開発という視点が重要だと主張しました。

　潜在能力とは、**よりよい生を営（いとな）むために必要な機能**のことで、具体的には「健康であること」「教育を受けていること」といったものが挙げられます。所得の再分配といったものだけでは人間の幸せは実現できず、幸福を実現するための自由（＝潜在能力）を開発することが重要だというわけです。

🔺ロールズ正義論への批判

　1970年以降のアメリカの政治哲学では、ロールズの正義論をめぐって急速に議論が活性化した。

　まず、ロールズが平等主義的な正義論を説き、国家による福祉政策に期待するのに対して、個人の自由を最大限に保障すべきだと主張したのが**ノージック**（1938〜2002）を代表とする**リバタリアニズム**である。ノージックは『アナーキー・国家・ユートピア』（いきょ）（1974年）のなかで、ロックの社会契約説に依拠しつつ、国家は国防などの最低限の事柄のみを行う「**最小国家**」であるべきだと主張し、ロールズが肯定する福祉国家を批判した。

　これに対し、ロールズとノージックは社会契約論的なアプローチによって普遍的な正義が見出せるとしている点では共通しているとして、これらの個人主義的な前提と普遍的な正義を疑問視し、正義は、人々が生きる共同体の価値観（**共通善**）と切り離して論じることはできないと説くのが**コミュニタリアニズム**（共同体主義）である。その代表的論者としては**マッキンタイア**（1929〜）や**サンデル**（1953〜）らが知られている。とくにサンデルは、ロールズが前提とする自由で独立した個人を「**負荷なき自我**」と呼び、そうした非現実的な人間観にもとづいて正義を論じることは不毛だと論じた。

サンデル

16 近代批判の哲学

この項目のテーマ

1 フランクフルト学派
　近代的理性の意義と限界は？
2 構造主義
　レヴィ = ストロースとフーコーによる西洋近代思想への批判
3 その他の現代哲学
　ウィトゲンシュタイン、ハンナ・アーレント、レヴィナスが頻出

1 フランクフルト学派

　この項目で扱うのは20世紀の現代哲学です。いずれも、**理性**によって世界を把握し、よりよいものにできるという近代思想の見通しが楽天的すぎたのではないかと批判する点に大きな特徴があります。

　これらは、超一流の思想家たちが生涯をかけて紡いできた知的産物なのだから、かなり歯ごたえのあるものです。そのつもりで聴いてください。

　了解です。まずは、**フランクフルト学派**とのことですが。

　フランクフルト学派は1920年代のドイツ・フランクフルトで活動を始めた思想家グループで、そのメンバーのほとんどはユダヤ人です。

　この時代のドイツでユダヤ人であるということが何を意味するかわかりますね。そう、ナチスによる迫害です（ヒトラーの全権掌握が1933年）。だから、フランクフルト学派の思想家たちは、ユダヤ人の絶滅をねらい、ヨーロッパ文明を崩壊の危機に追いやった**ナチズムがなぜ生まれてしまったのか**という問題を、思想的に究明しようとしました。

なるほど。どんな立場からナチズムを批判するんですか？

　彼らの多くは**マルクス主義**の影響を強く受けています。けれども、文化や思想の問題をすべて経済的土台から説明しがちだった正統マルクス主義者の議論には飽きたらず、**フロイトの精神分析**などを援用して独自の立場を組み立てていきました。ま

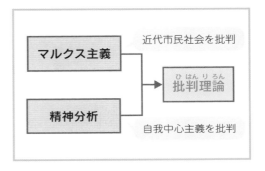

マルクス主義 ── 近代市民社会を批判

批判理論（ひはんりろん）

精神分析 ── 自我中心主義を批判

た、彼らは現実社会を単に**説明**するのでなく、根本的に**批判**して**変革**することを目指すことから、彼らの議論は**批判理論**とも言われます。

　まずは、**フロム**（1900〜80）。彼は**フロイトの精神分析**を**マルクスの社会理論**と結合させ、人間集団の心理が社会状況によって規定されると考えました。その成果が『**自由からの逃走**』で、大衆社会における孤独な群衆が**自由の重み**に耐えかねて**全体主義**へと逃避するメカニズムを描写しています。

ファシズムは大衆自身がつくったということですか？

　まさにそのとおり。ファシズム（≒全体主義）とは、一部の悪者が大衆を操作してつくったものではなく、強大な**権威**にすがろうとする大衆自身の心理が生み出したものだというのです。

　次に、フランクフルト学派のリーダーだった**ホルクハイマー**（1895〜1973）が、その同僚である**アドルノ**（1903〜69）とアメリカ亡命中に書いた『**啓蒙の弁証法**（けいもう・べんしょうほう）』について見てみます。これは、「なぜ人類は真に人間的な状態に踏み入っていく代わりに、一種の**新しい野蛮状態**へ落ちこんでいくのか」を主題としていま

アドルノ

す。理性に対するイメージを根本的に覆（くつがえ）すような作品ですよ。

なんだか難しそうですね……。

　かなり難しい本ですよ。とりあえず粗筋（あらすじ）を取り出すと、だいたい次のような具合です。

　神話の時代の人々は無知蒙昧（むちもうまい）であったが、啓蒙（けいもう）されて科学的な**合理主義**を拠（よ）りどころとする近代人はそうでない……これがよくある考え方ですね。だけど、こうした単純な進歩史観では、ナチズムのような野蛮が近代に再び現れた理由を説明できない。そこで……。

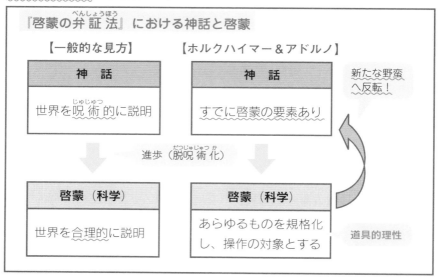

　アドルノたちによると、神話と啓蒙は対立物ではありません。神話のなかに登場する英雄（えいゆう）たちは、困難に打ち克（か）つ強い意志をもった近代的自我の原型であり、つまり、神話にはすでに啓蒙の要素が含まれていました。だから、神話が啓蒙へと移行したのはごく自然なことだったんです。

　でも、ここで話は終わりません。神話が単なる野蛮ではなかったのと同様に、啓蒙も単なる進歩ではない。じつは啓蒙には**野蛮で暴力的な要素**が含まれていたのです。

 いったいそれは？？

あらゆるものを規格化・計量化し、操作・支配の対象とする道具的理性です。

「知は力なり」と述べたベーコンが典型ですが、近代における理性は、一般になんらかの目的に奉仕する**道具**のようなものと考えられています。でも、たとえばハンマーが釘を打つ道具であるだけでなく人を殴り殺す道具にもなりうるように、道具にはいかなる目的にも奉仕してしまう危険性がある。原子物理学などもその典型ですね（医療や発電のみならず、大量破壊兵器にも役立つ）。そして、ナチス・ドイツは近代科学を駆使して最も効率的にユダヤ人を抹殺するためのシステム（ガス室など）をつくってしまったのです。

だから、ナチズムは啓蒙と無縁な野蛮などではなく、近代科学という啓蒙を経た**新しい野蛮**なのであって、いわば**啓蒙の必然的な帰結**なんです。なお、彼らは、アメリカの資本主義もソ連の社会主義も、啓蒙の自己崩壊という点で同根だと厳しく批判しています。

 なるほど……。でもなんだか、あまり展望のない話ですね。

たしかに。そこで、かつてアドルノの助手をしていた**ハーバーマス**（1929〜）は、先輩たちが悲観的に見ていた**近代的理性**について再検討し、そこにはいまだくみ尽くされていない可能性があることを発見したのです（『**コミュニケーション行為の理論**』）。

僕らが自動車やスマホを操作するときのように、モノを扱うときに作動するのが**道具的理性**です。これは人間を相手にするときにも用いられます。たとえば、ブラック企業がバイトを使い捨てにするときとか。道

ハーバーマス

具的理性は完全に一方的な関係だから、明らかに相手を支配しようという抑圧的な性格を強くもっています。

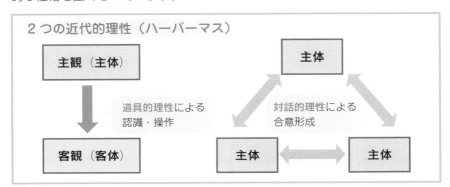

２つの近代的理性（ハーバーマス）

主観（主体） → 客観（客体）
道具的理性による認識・操作

主体 ⇄ 主体
対話的理性による合意形成

でも、ハーバーマスによると、近代的理性にはもうひとつ、哲学者たちがあまり重視してこなかったものがある。それは相手を自分と対等な主体とみなし、そのような相手と**合意形成**を図る能力です。これこそ彼は対話的理性と呼びます。たとえば、私たちは恋人とデートに出かけるときに、どこに行くかを話しあって決めることもありますよね。このように民主的な合意形成をする能力を、たしかに人間はもっているはずなのです。

でも、現実にはそううまくいかないことが多いですよ。

　たしかに、恋人どうしでも、つねに一方だけが決定権をもっていたりするような不健全な関係は少なくない。でも、そうでないケースがあるというのも事実ですね。そこで、どうすれば民主的な対話が可能なのか、これをハーバーマスは深く分析しました。経済合理性ばかりが追求され、民主的な対話が困難になっている現状をハーバーマスは**生活世界の植民地化**と言い、人々が本当に民主社会を築けるかどうかは、今日の僕らによる**対話**の実践にかかっていると訴えました。

⬆️⬆️ ベンヤミン

　フランクフルト学派に位置づけられるドイツの思想家ベンヤミン（1892～1940）は、かつての芸術作品がもっていた唯一無二の崇高さ＝**アウラ**（オーラ）は、写真や映画などの**複製技術**の時代となって喪失していったとしつつ、同時に、それによって権力者が独占していた芸術作品が大衆に解放されていったと論じた。

ベンヤミン

ポイント ▶ フランクフルト学派

- **ホルクハイマーとアドルノ**は、近代的理性は相手を支配しようとする道具的理性にほかならないと批判した
- **ハーバーマス**は、近代的理性には道具的理性以外に、合意形成の能力である対話的理性という側面があることを指摘した

② 構造主義

20世紀半ばのフランスでは、サルトルの実存主義が圧倒的な知的影響力をもっていました。ところが、1960年代以降になると、構造主義と呼ばれる潮流が急速に台頭し、実存主義を圧倒していきました。

構造主義というのは、いったいなんですか？

簡単に言うと、構造主義とは、あらゆる物事を**構造**（システム）において把握しようとする立場です。

たとえば、働きアリは、つねに集団のうち2割ほどが（その名に反して）実際には働いていないという。それで、その怠け者たちを取り除くと、不思議なことに、残りのうちまた2割ほどが働くのをやめてしまうという。

へー、面白いですねぇ。でも、それが構造主義とどう関係するんですか？？

ここでわかるのは、働きアリを理解するためには**個体**をいくら詳細に観察してもダメで、役割分担を行っている集団を**全体として**とらえる必要がある、ということです。

同じことが、人間にも言えるのです。西洋近代では、社会とは理性的存在としての**個人**の総和にすぎないと考えられてきました。ところが、構造主義は、要素の合計が全体になるのではなく、要素を秩序づける**構造が要素に先立つ**と考えます。つまり、**理性と自由意志をもった主体としての個人**という発想を、正面から否定する。これがサルトルのような実存主義と対立するのは明らかですね。

構造主義は、言語学・哲学・社会学・精神分析学などさまざまな分野で応用されたんですが、とりわけ影響力の大きかったのは、フランスの文化人類学者**レヴィ゠ストロース**（1908〜2009）の議論です。

文化人類学とは、おもに未開社会の文化を研究することによって人類の文化を比較研究する学問で、伝統的に、未開社会は遅れた野蛮な社会であるのに対し、ヨーロッパは進歩の極にあるすぐれた文明社会だと考えられてきました。

え、ちがうんですか？

レヴィ＝ストロースの『野生の思考』によると、たしかにいわゆる**文明社会**と**未開社会**には大きなちがいがあるものの、それはけっして**優劣の差**などではないとされます。

レヴィ＝ストロースは、南米などの無文字社会を実地調査し、そこに生きる人々が**親族関係**のつくり方などに関してきわめて複雑な、しかし当人たち自身も自覚していないルール（＝構造）のもとに生きていることを指摘しています。つまり、未開社会の人々は、西洋人が考えたように無秩序で非合理的な生き方をして

レヴィ＝ストロース

いるわけではなく、非西洋的ではあるが論理的な規則に従った生き方をしている、と。

でも、魔 術 なんかにとらわれているわけですよね？

呪 術 的思考も、世界に因果性が働いていることを前提に組み立てたものだという点では、**科学的思考**と同じです。むしろ、植物や昆虫などの具体的なものを具体的なまま把握する野生の思考は、具体物を概念として把握してしまう「栽培された思考」（科学的思考）よりも豊富ですらあるとして、レヴィ＝ストロースは西洋人がより進んだ地点に立っているとする西洋中心主義を厳しく批判したのです。

> ## ポイント レヴィ＝ストロース
>
> 　未開と文明には優劣の差はないとして、レヴィ＝ストロースは西洋中心主義を厳しく批判した。

> フーコー（1926〜84）
> ◆主著：『狂気の歴史』『言葉と物』『監獄の誕生』
> 　近代的な〈人間〉とは、近代社会の諸制度（**権力**）を通してつくられた、規範へと服従する主体にすぎない。
> 　➡ 権力の構造／権力と知の結びつきを解明すべし
> 　➡ 真の自己の回復（＝〈人間〉の死）

フーコー

　次に紹介するのは、『**言葉と物**』『**監獄の誕生**』などの著作によって哲学・社会学・教育学など多くの学問分野に絶大な影響を与えた**フーコー**です。彼の思想のポイントは、**理性的で主体的な存在として人間をとらえる近代の常識を根本的に否定**した点にある。フーコーによると、こうした近代的な人間像は、じつは**規範へと従属する主体**にすぎないとされます。

> 近代人が、じつは奴隷みたいなものだと？

　そのとおりです。なぜか？　これを理解するためには、近代社会における**権力**の特異な構造を理解する必要があります。

　社会的な規範を守らせるために、かつては死刑をはじめとする暴力的手段がとられ、人々は死の恐怖ゆえに権力者に従いました。でも、近代以降の社会では、人々が**規範意識を内面化**しているため、もはや特定の権力者が君臨する必要もありません。権力は、そのように目に見える形をとらなくなっているということです。

　規範意識とは、「**人間はこうあらねばならない**」という意識のことです。たとえば、「人を殺してはならない」「うそをついてはならない」「ちゃんと勉強しなきゃ」「健康は大事だ」などなど。

> どれもいいことじゃないですか。

　まあ、そうかもしれません。でも、「自分でものを考える立派な人間」が、じつは**既成の規範に従順な存在**にすぎないのだとすれば、その人は本当に自由と言えるのでしょうか。

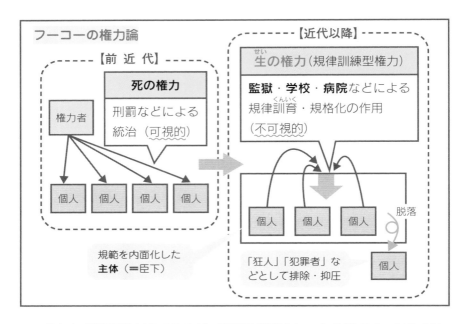

フーコーの権力論

【前近代】

権力者

死の権力
刑罰などによる
統治（可視的）

個人　個人　個人　個人

規範を内面化した
主体（＝臣下）

【近代以降】

生（せい）の権力（規律訓練型権力）

監獄・学校・病院などによる
規律訓育（くんいく）・規格化の作用
（不可視的）

個人　個人　個人

脱落

個人

「狂人」「犯罪者」な
どとして排除・抑圧

　こうした規範意識を育てるのが、**監獄**や**学校**といった施設です。これらは、人間を規律訓練し、多様な人間を「正しい人間」へと 矯正（きょうせい）します。こうして、規範を内面化した「近代的自我」が製造されるのです。

　このように、人間を規律化・画一化する装置の全体が権力であって、これは生（せい）の権力と言われます。つまり、私たちの社会は、じつは見えない抑圧で満ちていて、おまけに、その抑圧は私たち自身の常識的な知と日々の実践によって生み出されているというのです。

　これに関しては「狂気」という概念の分析が有名です（『**狂気の歴史**』）。

狂気ってのは「狂人」に宿っているものじゃないのでしょうか？

　フーコーによると、そうじゃないのです。たとえば、イエスやガリレイは当時「狂人」扱いされていたが、今ではちがいますよね。つまり、狂気とは、みずからを「**理性的**」だと考える社会的多数派が、社会の規範や常識からはずれた人々に貼りつけたレッテルにすぎません。このように、理性と狂気、正常と異常をえり分けて「狂人」「異常者」を排除・抑圧・矯正しようという人々の意識、これが権力なのです。

カントなどが理想とした自律的な**主体**（subject）とは、じつは権力に従順な臣下（subject）にすぎません。そこで自律的な主体としての人間はもう終わりつつあるとして、フーコーはニーチェの説いた「神の死」になぞらえて「**人間の死**」を予告しました。

 なんだか、ずいぶん陰鬱（いんうつ）な見通しですね……。

まあ……。フーコーの議論は、彼自身が同性愛者で、「異常者」に対する社会的な抑圧を痛感していたことと関係があるのかもしれません。ともあれ、彼は社会の隅々（すみずみ）まで浸透している権力のシステムを解明することで、近代的な主体を乗り超えたところに成立する真の自由を目指していたのでしょう。

⬆⬆ 構造主義とポスト構造主義

　スイスの言語学者**ソシュール**（1857～1913）は、語とその意味の対応を否定し、言語は語と語の**差異の体系**（たいけい）であると主張して（たとえば、日本語では「マグロ」と「カツオ」は別物だが、英語ではいずれも tuna と呼ばれる）、構造主義の先駆となった。

　フランスの思想界では、1970年代ごろまでに、**ポスト構造主義**と呼ばれる潮流（ちょうりゅう）が形成された。**デリダ**（1930～2004）は、構造主義が自明視しがちであった対立構造・差異の構造をずらし、脱構築（だつこうちく）することを説いた。たとえば、主観と客観のような二項対立の図式を固定化するのではなく、これをずらす（脱構築する）ことで新しい世界が見えてくるという。また、フランスの哲学者**ドゥルーズ**（1925～95）は、同じくフランスの哲学者で精神分析家**ガタリ**との共著『アンチ・オイディプス』のなかで、フロイトを参照しつつ、人間は**欲望する機械**であり、文明や国家はそれを**抑圧する装置**であるとして、そうした抑圧からの解放を訴えた。

3 その他の現代哲学

　ここまではドイツとフランスの現代哲学を見てきましたが、イギリスやアメリカなどの英語圏（けん）ではヨーロッパ大陸とはやや毛色のちがう哲学が展開されました。思弁的（しべんてき）な認識論や存在論ではなく、だれもが客観的に検証できるような明晰（めいせき）な議論を目指す傾向が強く、これらは**分析哲学**、もしくは**科学哲学**などと呼ばれることがあります。

　へえ。その代表者は？

　イギリスで活躍した**ウィトゲンシュタイン**（1889〜1951）です。彼はオーストリア出身だけど、ラッセルに見出されてイギリスで活躍した**分析哲学**の草分けの一人です。ハイデッガーとともに20世紀最大の哲学者の一人と言っていいでしょう。

　ウィトゲンシュタインが生前に刊行した唯一の著作『論理哲学論考』では、「**語りえないものについては沈黙（ちん）（もく）しなければならない**」という有名なテーゼが示され

ウィトゲンシュタイン

ています。これは、言語によって明晰に語りうる事柄とそうでない事柄（宗教など）を峻別（しゅん）（べつ）すべきだという主張で、カントが**認識批判**において行ったのと同様のことを**言語批判**という形で行ったものと解釈できます。20世紀以降の哲学は**言語**が哲学

	語りうる世界	語りえない世界
	明晰に語るべき	沈黙すべき

の大きな主題となっていますが、ウィトゲンシュタインのこの議論は、**言語哲学**の先駆としてきわめて重要な位置を占めています。

　なお、ウィトゲンシュタインは、遺稿（いこう）の『**哲学探究**』では言語ゲームという新しい見方を提唱しています。一般に、言語には厳密な文法規則があり、世界の客観的なあり方を正しく反映するような言語が理想の言語だと考えられていました。ところが、言語ゲーム論によると、言語は偶然にでき上がった規則の体系にすぎず（チェスのルールにそれ自体の必然性がないのと同様です）、正しい言葉遣いとは、真実をとらえることではなく、ゲームのルールに従ったものにすぎないとされます。

最後に、**ハンナ・アーレント**（1906〜75）について
見ておきましょう。彼女は、ハイデッガーやヤスパー
スから教えを受けたドイツ出身の哲学者ですが、ユダ
ヤ人であったために亡命を余儀なくされ、アメリカで
活躍しました。その意味で、英米哲学というよりは、
大陸系の哲学の伝統を背負っている哲学者です。

ハンナ・アーレント

　彼女が最初に注目を集めた著書は『**全体主義の起
源**』で、同書では彼女自身をドイツから追いやったナ
チズムのような野蛮が生まれた背景が探究されました。
それによると、全体主義の原因は、現代社会において**個人が孤立化し、アトム
化してしまった**点にある。

 では、どうすればいいんでしょう？

　アーレントによると、こうした全体主義の最大の問題は、人間の多様性（**複
数性**）を破壊してしまう点にあります。そこで、そうしたことを避けるために
は、人々がもつ複数性を前提とする営み、すなわち**公的な問題**を公的な空間で
論じ合うという営み（＝政治）を再興する必要があります。彼女がここで念頭
においているのは古代ギリシアのポリスです。そこでは市民たちが自分の私的
な利害を棚上げして公的問題について討論していたとされます。

 今では政治のことを議論するのは、憚（はばか）られる雰囲気があるかも
しれませんね。

　ですよね。アーレントは主著『**人間の条件**』で、人間の営みを次の３つに分
類しています。

人間の営み

- **労働**（labor）…生存を維持するための営み　例　工場労働
- **仕事**（work）…耐久物をつくる営み　例　彫刻作品の創造
- **活動**（action）…人と人が直接に結びつく営み（＝政治）

アーレントによると、現代では人々は自分の命を維持するための**労働**ばかりにかまけてしまっている。これは人がモノとかかわり合う営みにすぎず、人間の複数性という、人間にとって最も大事な事実と無関係です。だから人々が私的利害を離れて公共の問題について議論を行う**活動**（＝政治）こそが真に人間にふさわしい自由な行為であるとして、**政治の復権**を説いたのです。

⬆⬆ ポストモダンの思想

20世紀後半のフランスでは、構造主義・ポスト構造主義とも連動する**ポストモダン**の思想が展開された。ポストモダンとは、近代（モダン）において前提とされていた理性や進歩といった概念を根本的に疑う思想を指す。

この思想の代表である**リオタール**（1924〜98）は、世界の歴史をすべて説明し尽くす「絶対精神の自己展開」（ヘーゲル）や、「階級闘争をとおした人間の解放」（マルクス）といった「**大きな物語**」は終焉したとして、歴史に究極目的を設定する思考や、1つの枠組みであらゆる現象を説明しようとする抑圧的思考を放棄することが重要だと説いた。

また、**ボードリヤール**（1929〜2007）は、今日の**消費社会**では、商品はその使用価値よりも社会的な価値（ブランド品をもつことによる他者からの視線など）を示す**記号**（**コード**）として機能していると指摘し、時代の大きな変化を示唆した。

コラム1　実証主義と社会進化論

　19世紀のヨーロッパでは、市民革命と産業革命によって激変する社会情勢にあって、社会のあり方を客観的に把握するための学問研究がおおいに進みました。

　その流れをつくった一人が、実証主義の祖と言われる**コント**（1798〜1857）です。サン＝シモンの弟子であったこともあるコントは、経験的に確認することのできない神学や哲学で社会を説明するのではなく、**観察された事実**のみにもとづいて理論を組み立てようとしました。これが**実証主義**（実証哲学）です。

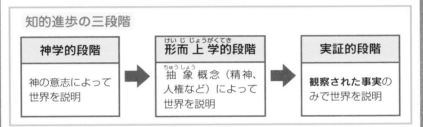

　コントはまた、実証主義の考え方をこれまでのあらゆる学問に適用し、数学・天文学などのように比較的法則が見えやすいものから学問研究を始めた人類は、いまや社会についての法則を解明すべきだとして**社会学**を創始しました。

　コントの影響を受けて社会学を大きく進歩させたのが、イギリスの**スペンサー**（1820〜1903）です。彼は生物学者の**ダーウィン**よりも早い段階で**適者生存**のアイディアを浮かべ、一種の有機体としての社会（**社会有機体説**）が軍事型社会から産業型社会へと進歩していくという**社会進化論**を提唱しました。

　スペンサー以後には、この社会進化論は国家の優勝劣敗を正当化するものへと大きく様相が変わり、日本でも**加藤弘之**がこうした主張を行いました。

17 日本の古代思想

この項目のテーマ

1 日本の風土と古代日本人の意識
　日本の風土は日本人の意識にどんな影響を与えたか？
2 仏教の受容——聖徳太子から奈良仏教へ
　聖徳太子の思想と奈良仏教の基本性格をおさえよう

1 日本の風土と古代日本人の意識

　日本人は古来、どんな思想を育んできたのでしょうか。これを確認するためには、その土壌としての**日本の風土**についての理解が欠かせません。

　日本列島は南西から北東に長く伸び、その地形は急峻な山々と複雑な海岸線によって特徴づけられます。日本人は、古代からこの列島の山間の里に集落を切り開き、**豊かな自然環境と調和**した農耕生活を営んできました。

 自然との一体感ってやつですか。

　そうですね。ギリシアなどの**西洋文明**は、都市も建築物も耐久性のきわめて高い石で構築したことに見られるように、**自然を支配の対象**としてとらえがちでした。

　これに対して日本では、建築物は大半が木造だし、稲作のためにつくった水田や人間が手を加えた**里山**を見てもわかるとおり、人々は自然を支配するどころか、むしろより豊かなものにしてきました。つまり、日本では自然との調和・共生という感覚がきわめて強かったのです。

　このちがいは、精神的支えと

里山の風景

なる宗教施設を見れば一目瞭然ですよね。西洋の教会は、街の中心部に天まで届こうという大伽藍（だいがらん）として設計されるのに対し、日本の神社は鬱蒼（うっそう）たる森のなかにつくられています。

それが、日本人の思想に影響しているんですか？

和辻哲郎（わつじてつろう）は、**風土**が文化や人々の意識に影響を与えていると論じています（『**風土**』）。次のような具合です。

モンスーン型風土 （アジア、日本）	湿潤（しつじゅん）で**気まぐれな自然** ➡ 受容的・忍従的（にんじゅうてき）**態度**
砂漠型風土（さばくがた） （中東、北アフリカ）	過酷な自然 ➡ **対抗的・戦闘的**態度（ ➡ 厳格な一神教）
牧場型風土（ぼくじょうがた） （ヨーロッパ）	穏やかで規則的な自然 ➡ **合理的**態度

日本の場合、**モンスーン型**の風土なので、四季折々の自然は非常に豊かで恵み深く、人々は**清けき自然**（さや）に対する調和の意識を強くもっています。でも、ときおり**台風のような暴威**（ぼうい）に襲われてしまうことがあるので、一種の**諦め**の意識も抱いており（台風や大雪には勝てないですからね）、これが受動性と忍耐力などを育んだというのです。

もっとも、和辻もこうした風土的特徴だけで文化を説明できると考えたわけではなく、**日本文化の重層性**についても指摘しています。つまり、日本文化は、古層の文化のうえにさまざまな**外来思想**が塗り重ねられ、古いものと新しいものが排斥し合うことなく溶け込むことで形成された、というわけです。たしかに、日本人は古来の神々への信仰と同時に**仏教**や**儒教**（じゅきょう）の考え方も矛盾の意識なしに受容しているところがありますよね。

次に、古代日本人の信仰について見てみましょう。

古代日本人の信仰

基本的特徴 ～絶対神の不在 （➡ 八百万神）

- ▶ カミ＝人知を超えたものや働きの総称
- **自然信仰**（アニミズム）：森羅万象に神（精霊）が宿っている
  - ➡ 動物や植物、山や川も信仰対象に
- **祖霊信仰**：祖先は死後に神（祖霊）となり、生者を見守る
  - ▶ お盆には子孫のもとに来往 ➡ 迎え火（出迎え）・送り火（見送り）
- **産土神信仰**：土地の守護神（≒氏神≒鎮守）への信仰
  - ▶ マツリ・・・神々に感謝と祈りを捧げる行事。特別な日（**ハレの日**⬌**ケの日**）に行う

　古代日本人の信仰で最も特徴的なのは、**絶対神が存在しない**ことでしょう。そもそも日本では、およそ理解できないものがすべてカミの名で呼ばれていました。だから、人を寄せつけない急峻な山や神々しい岩をはじめ、山川草木すべてがカミです。このように、自然界のあらゆる事物に魂（精霊）が宿るという考え方を**自然信仰**（**精霊信仰**、**アニミズム**）と言います。

　こうした神々はのちに人格化されていき、律令国家が成立したのちに編まれた『**古事記**』や『**日本書紀**』（記紀神話）では多くの人格神が登場して建国神話が物語られていますが、ここで最高神として位置づけられている**天照大神**にしても「**祀られると同時に祀る神**」であって、ヘブライズムにおける「唯一なる絶対神」とはまったく性格が異なります。

「マツる」って、どういう意味ですか？

　マツリには「祭り」「祀り」「奉り」などさまざまな字と意味がありますが、さしあたりは**神に祈ること**や**霊を慰めること**を意味すると思ってください。天照大神はもちろん偉い神様だから多くの人々からの信仰を集めています（祀られている）が、同時に自然神などに祈りを捧げる（＝祀る）祭司でもあったのです。

　古代においては、**五穀豊穣**を祈願するなどの祭祀をとり行うことは共同体にとっての死活問題であったので、農耕社会にとっての祭祀は共同体のあり方を決定する「政治」をも意味していました（**祭政一致**）。今日でも政治のことを「まつりごと」と言うのは、ここに起源があるのです。

　日本神話では、天地は神（神々）によって「つくられた」ものでなく、おの

ずから「なった」ものとみなされています。なお、日本で信仰される神々は非常に数が多いことから、八百万神と言われます。

具体的にはどんな神様がいたんですか？

記紀神話では、以下のような神々が有名どころです。

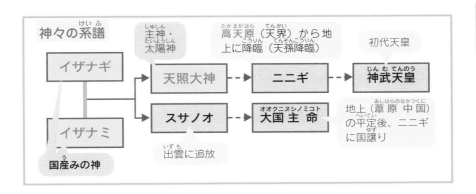

まず、男神であるイザナギ（イザナギノミコト）と、女神であるイザナミ（イザナミノミコト）が地上の国（葦原中国）を産み落とした「国産みの神」とされています。しかし、妻であるイザナミは火の神（カグツチ）を産み落としたときに火傷を負い、死んでしまう。愛する妻を失ったイザナギは怒り狂ってカグツチを斬り殺した末に、黄泉国（死者の世界）へとイザナミに会いにいく。

なんだかすごい話ですねぇ。あの世にも簡単に行けちゃうんですか。

そう、古代日本人はこの世とあの世を連続的に理解していました。だからこそ、お盆に祖霊が子孫のもとに訪れるなどということが可能なんです。

ともかく、イザナギがイザナミと再会したところ、なんと彼女はウジにたかられて変わり果てた姿になっていた。

これに仰天したイザナギは全速力で地上に逃げ帰り、穢れを洗い清めるために禊を

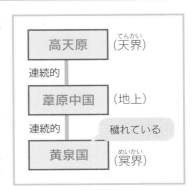

行うと、左目から**天照大神**<ruby>天照大神<rt>アマテラスオオミカミ</rt></ruby>が、鼻から**スサノオ**（スサノオノミコト）が生まれました。

> ずいぶんひどい神様ですね……ともあれ、どうやらイザナギはきれい好きだったんですね。

　古代日本人が全体として「きれい好き」だったのです。古代日本人にとって**穢れ<rt>けが</rt>のない純粋さ**がとくに重んじられ、そうした心のあり方を意味する**清き明<rt>あか</rt>き心**（清明心）<rt>せいめいしん</rt>が理想の心情とされました。これは私心<rt>ししん</rt>のない純粋な心という意味で、濁心<rt>きたなきこころ</rt>と対比されます。日本人は農耕民族だったので、共同体で他者と協調することが尊<rt>たっと</rt>ばれたのでしょう。

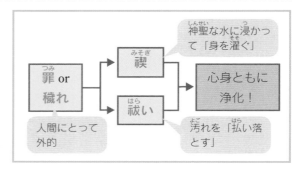

　さて、この穢れと禊のエピソードからわかる重要なポイントは、**罪**や**穢れ**といったものが人間にとって病気や天災と同様に外的なものにすぎず、**禊**や**祓い**によって比較的容易にぬぐい去れるものとして理解されていたということです。キリスト教の文化圏<rt>けん</rt>では、罪というのはまずもって神に対する内面的な裏切りということとされているので、このちがいは非常に大きい。

　日本語では「水に流す」と言いますよね。これは、責任をはっきりさせない日本の馴れ合い慣行<rt>かんこう</rt>として批判されることも多いものですが、明らかに古代以来の日本人の**共同体感覚**に由来するものなのです。

❷ 仏教の受容──聖徳太子から奈良仏教へ

　日本文化における大きな特徴として、**外来の思想や文化をおおらかに受容する柔軟性**を指摘できます。僕らが使っている漢字なども、もともとは中国の文字ですよね。日本人はさまざまな**外来思想を重層的に受容**することで、独自の文化を形成してきたんです。

　でも、6世紀に仏教が正式に日本に伝えられた（**仏教公伝**）ころ、仏教における「仏」は、外国から来た神（**異国の神**）とみなされていたんですよ。

 あれ、仏って「神」なんですか？

　もちろん、仏は本当は神じゃない。でも、当初の日本人には「悟りを得た者」としての仏という概念を理解することができず、仏は神々と同列視されたのです。また、豪族たちが一族の繁栄と守護を祈念するための**氏寺**を各地に建立するなど、仏教信仰は**現世利益**の道具として機能していました。これでは仏教の本当の精神からは距離があると言わざるを得ません。そんななかに現れたのが、**聖徳太子**（574〜622）です。

聖徳太子　〜仏教を思想としてとらえて国家の支柱に据えるよう努力
- 『**三経義疏**』（法華経・勝鬘経・維摩経の注釈書）の編纂
- 「**世間虚仮、唯仏是真**」〜**現世利益**主義の否定
- **十七条憲法**〜仏教精神の具体化　▶**儒教**の影響も

　『三経義疏』の「義疏」とは「注釈書」という意味です。ここでは深い仏教理解が示されていると評され、聖徳太子自身が著した、もしくは編纂したものと伝えられてきました（異説もある）。聖徳太子が重視したとされる3つの経典に**法華経**が含まれている点は特に重要です。

　「**世間虚仮、唯仏是真**」とは、太子の遺言とされる言葉で、この世界にあるものはすべて虚しく実体のないものであり、仏の教えだけが真実だという意味です。仏教の核心を簡潔的確にとらえた言葉ですね。

 十七条憲法は、国家の基本法だったのですか？

　いえ、**十七条憲法**は近代憲法とはちがい、豪族や官僚たちへの**道徳的な訓示**

という性格をもつ文書でした。ここには仏教で大切な**三宝**への帰依（第2条）や、人がすべて煩悩を捨てられない**凡夫**にすぎないとの指摘（第10条）など、明確に**仏教的な観点**が示されており、仏教を国家の支柱に据えようという太子の意図が見出されます。

でも、仏教精神だけが示されているわけではありません。たとえば、最も有名な第一条「**和を以て貴しと為し**

十七条憲法

一．和を以て貴しと為し、忤ふること無きを宗とせよ。

二．篤く三宝を敬へ。三宝とは仏・法・僧なり。

十．我必ず聖にあらず、彼必ず愚にあらず。ともにこれ凡夫のみ。

……」は、じつは『論語』からの引用です。『論語』と儒教の教えは仏教よりも古くに日本に伝えられており、十七条憲法にはその影響もあったんです。この条文は、もちろん**共同体の調和**という日本の伝統的な精神が具体化されたものと言うこともできます。

奈良時代の仏教は、どんな性格をもっているんですか？

平城京遷都（710年）以降の時代の**奈良仏教**の特徴は、**国家主導の仏教**（国家仏教）でした。政府が国家を効果的に統治するためには、領内の有力者と民衆を束ねる、精神的な軸となるものが必要です。その点で、仏教は朝廷による全国統治を進めるための大きな武器となりました。仏法の力で国家の安泰を祈念する**鎮護国家**思想にもとづき、**聖武天皇**は全国各地に**国分寺・国分尼寺**をつくるよう命じ、その総本山として奈良に**東大寺**が建立されたのです。

ということは、もともと仏教は民衆の信仰ではなかったのでしょうか？

明らかにちがいますね。奈良時代初頭には僧尼令（僧侶と尼を統制するための法令）が出され、僧侶の資格を国家資格とする（無断で僧侶となる**私度僧**は取り締まられた）とともに、民間への布教が禁止されていました。つまり、この時代の仏教は、いわば国家の独占物だったのです。

↑↑ 行　基

奈良時代の僧・行基（668〜749）は、僧侶が厳しく統制された奈良時代にあって、諸国をめぐって**民衆の教化**と**土木事業**に励み、民衆から絶大な支持を集めた。このため、朝廷からはたびたび弾圧を受けたが、その影響力を買われて、東大寺の**大仏**造営の勧進（寄進を募る責任者）に起用され、大僧正に任じられるまでになった。

奈良時代の仏教では、のちに南都六宗と呼ばれる6つの宗派（法相宗・倶舎宗・三論宗・成実宗・華厳宗・律宗）が栄えていました。これらはいずれも中国から伝えられた宗派ですが、平安時代以降の宗派のような独自の教団組織ではなく、おもに**教理研究**を目的としたもので、いわば（国立）大学の学部みたいなものでした。だから、複数の宗派を研究する僧侶も多かったと言われます。

南都六宗のうち、律宗を日本に伝えたのが鑑真（688〜763）で、彼によって**受戒制度**が確立されました。

 受戒制度？

戒律を授ける（受ける）儀式が**受戒**です。正式に僧侶になるためには戒律を遵守する宣誓が必要なんですが、そのやり方がそれまでの日本ではけっこう適当だったんです。そのことに危機感を抱いた人たちが中国・唐の高僧であった鑑真を招聘して、東大寺などに**戒壇**（受戒の施設）をつくったというわけです。

ポイント　奈良仏教

- 奈良仏教は朝廷による国策としての性格をもち、鎮護国家を目指すものであった
- 当時の仏教は、民衆にとっての信仰という性格よりも、南都六宗などによる学問研究という性格のほうが強かった

18 平安仏教と末法思想

この項目のテーマ

1 平安仏教——天台宗と真言宗
最澄は日本仏教の基礎を築き、空海は壮大な真言密教を構築

2 末法思想の広がり
鎌倉仏教に道を開いた末法思想とは？

1 平安仏教——天台宗と真言宗

　奈良仏教は国家の保護によって発展しましたが、朝廷に政治的影響力を振るう僧侶が出現するなど、しだいに仏教本来の精神を見失うようになっていきました。そんななか、寺院の政治への関与を嫌った桓武天皇が平安京に遷都し、仏教内部からも刷新の動きが起こります。それを担ったのが最澄と空海です。

　では、まず最澄からお願いします。

最澄（767〜822）
- 天台宗（総本山：比叡山延暦寺）の祖、主著：『山家学生式』
- 一乗思想：法華経に示された**平等主義**の教え（⬌奈良仏教）

　　　　　　　　　素質と無関係にだれもが成仏できる！

- 大乗戒壇独立運動 ➡ 平安時代・鎌倉時代に僧侶を多く輩出

　最澄は近江（滋賀県）出身の僧で、804年に遣唐使船で中国にわたり、**法華経**を最高の経典と位置づける**天台宗**の教えを学びました。帰国後の最澄が開いた日本天台宗は、**密教・禅**（止観）・**戒律**の教えをも融合した独自のもので（のちに念仏も加えられた）、**比叡山延暦寺**を根拠としておおいに栄えました。

そんないろいろな教えを無節操に取り入れていいんですか？

　最澄は、仏教のさまざまな教えはつまるところ１つの教え（＝法華経）に帰着すると考えました（**一乗思想**）。そして、法華経に何が書かれてあるかというと、いかなる者も仏性（成仏の素質）をもつという**平等思想**です。

　こうして最澄においては、「**一切衆生悉有仏性**（だれもが成仏の素質をもつ）」という大乗仏教の教えが強調されたため、天台宗では、「**山川草木悉皆成仏**」というように自然物すらもが成仏するとまでが説かれるようになりました。そんなわけで、最澄以後の天台宗では、「悟りの世界」と「迷いの世界」を二分する考え方も否定し、人は本来すでに悟っていて、悟っている事実を認識できないことが迷いなのだという**本覚思想**が説かれるようになりました。

大乗戒壇独立運動というのは？

　最澄は、東大寺などの戒壇では小乗式の具足戒が授戒されているとして、著書『**顕戒論**』で、大乗仏教にふさわしい菩薩戒を授けるための戒壇が必要だと主張しました。そして、その**大乗戒壇**をわが比叡山延暦寺につくらせてほしいと朝廷に願い出ていたのです。もちろん僧侶資格の認定権を独占していた奈良仏教からは強く抵抗されますが、結局、最澄の死の直後に認められました。そんなわけで、これ以後、正式な僧侶になることができるようになった延暦寺は、鎌倉仏教の開祖たちをはじめ、多くのすぐれた僧侶を輩出することになるのです。

ポイント　最　澄

● 法華経信仰の立場から平等主義を説いた
● 大乗戒壇の設立を訴え、比叡山繁栄の基礎を築いた

空海（774〜835）
● 真言宗（総本山：高野山金剛峯［峰］寺）の祖
　主著：『三教指帰』『十住心論』
● 三密の修行 ➡ 即身成仏（大日如来と一体化）

空海って、たしか字のうまい人だったのでは？

　そうです。天台宗とともに平安仏教の二大宗派の一つである真言宗の開祖・空海は諡（死後に与えられた名）を「**弘法大師**」と言い、「三筆」に数えられる能書家としても有名ですね。最澄が比叡山に延暦寺をつくったのに対し、**高野山**（現在の和歌山県）に金剛峯［峰］寺をつくりました。

　空海は、はじめ官吏になるための大学で儒学などを学んでいたのですが、それに飽きたらず仏門に入った。24歳のときに書いた『三教指帰』は中国三大宗教（儒教・道教・仏教）を対比したもので、仏教の優位性が説かれています。その後、31歳のときに空海はくしくも最澄と同じ遣唐使船で唐へと留学し、**密教**を学んできます。

密教って何ですか？　最澄のところでも出てきましたが。

　密教とは、字面どおり「秘密の教え」という意味で、経典を読んだり説教を聴いて理解できる**顕教**と対比されます。もともと密教はインドでヒンドゥー教の要素などを摂取する形で生まれた仏教で、『**大日経**』などを根本経典とするものです。

　最澄の天台宗が**台密**（天台密教）と言われたのに対し、真言宗の密教（真言密教）は、空海が嵯峨天皇から与えられた東寺（教王護国寺）を根拠としたことから**東密**と言われます。

　密教は言葉で尽くせない教えであるため、神秘体験などを通して体得するほかない。そして、そのための手段が**三密**と呼ばれる修行法（**三密加持**）です。

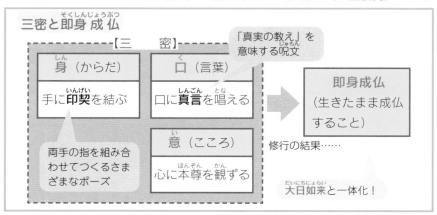

成仏を目標とするのは仏教の世界で一般的なことだけど、普通は何度も生まれ変わるくらいに途方もなく長い年月の修行の末にようやく成仏できると考えられているから、生きた身のままに成仏できるという**即身成仏**を掲げるのはかなりユニークなことです。

空海が言う「成仏」というのは、どんな境地なのでしょう？

　空海において即身成仏とは、**大日如来**と一体化することを意味します。大日如来とは**宇宙そのもの**、真理そのものを表す最高の 仏 であり、どこかにいる仏ではなく、世界に満ち満ちているということで、汎神論的な性格をもった仏であると言えます。

曼荼羅と『十住心論』

　空海は、『十 住 心 論』のなかで人の心を10の段階に分け、迷いから悟りへの道のりを示した。このうち、低次の段階には儒教そのほかの宗教や 小 乗 仏 教、大 乗 仏教の他 宗 があてられ、最高の段階（悟りの段階）に真言密 教 をあてている。

　この密教の教えは言葉で尽くせないものであるため、大日如来を中心に配して全宇宙を図像化した曼荼羅が、悟りに近づくための助けに用いられる。

修験道・山岳仏教・神仏習合

　日本では太古以来、山を信仰対象とする**山岳信仰**の伝統があった。これがしだいに仏教や神道の教義と融合するようになり、平安時代ごろには山 中 の修行 によって超自然的な能力（**験力**）を身につけようとする**修験道**へと発展した（その修行者を**山伏**という）。

　ところで、平安仏教は天台宗・真言宗のいずれも、山中での思索と修行を行ったことから**山岳仏 教** とも呼ばれる。また、この平安仏教は神秘体験を重んじる**密教**であったことから、修験道を組み込むようになっていった。

　なお、神道と仏教が融合することを**神仏 習 合**と言い、平安時代にとくにこれが広がった。このため、この時代の神社には、境内に寺院をつくる**神宮寺**が多く見られる。

2 末法思想の広がり

　一般に「**平安仏教**」とは、天台宗・真言宗を中心とする密教を指します。しかし、**平安時代の後期**以降になると、打ち続く戦乱や疫病を背景に、仏教の歴史観に根ざす末法思想が強まり、鎌倉仏教を準備する新しい潮流が芽吹き始めました。仏教の歴史観では、釈迦が亡くなってから時間の経過とともにその影響力が弱ってしまうと考えられています。最初の500 or 1000年間（**正法**）は正しい教えにもとづいて正しい修行を行う者もいるし、その成果として悟る者もいます。ところが、その後の1000年間（**像法**）は、修行の意欲のある者はいても、修行法が正しくないために悟れる者がいなくなる。さらに、その次の**末法**は、もはや経典などの形で釈迦の教えが残っているのみで、修行者も悟れる者もいないという希望のない時代です。

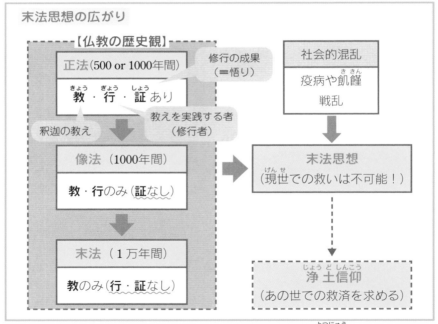

　そして、日本では、1052年にこの段階、つまり末法に突入してしまったというのです。この世でもはや救いが得られない、となると、もはやあの世で救いを求めるしかありません。

　こうして生まれたのが浄土信仰（**浄土教**）です。

浄土信仰（浄土教）

浄土へと生まれ
変わること

- 穢れた現世（現世＝穢土）において救いはない
- 阿弥陀仏にすがることで西方極楽浄土へと往生（≠成仏）できる
- 唐の善導が大成、日本では空也が民間へ布教、源信が理論化

浄土とは、仏の教えが行きわたり、穢れのない清浄な世界のことを指します。薬師如来の住む東方浄瑠璃世界などもその一つですが、断りなしに「浄土」という場合には、阿弥陀仏（阿弥陀如来）の住む西方極楽浄土を指すのが普通です。この阿弥陀仏による救いを求める教えが浄土信仰（浄土教、阿弥陀信仰）というわけです。この教えは、大乗仏教経典の浄土三部経（無量寿経・観無量寿経・阿弥陀経）などで説かれています。

普通の仏教とちがうのは、浄土信仰が現世（娑婆の世）での悟り（＝成仏）は不可能だと考える点です。末法の世においてはどれだけ頑張って修行しても悟りに至ることはできない、だから、阿弥陀仏が浄土へと導いてくださること（往生）だけを期待する。すなわち、死の床に阿弥陀仏がお迎えにやって来て（来迎）、浄土に連れていってもらえること、これだけを願うという信仰なのです。だから、即身成仏を目指す真言宗などとはちがい、浄土信仰は死後救済を目指すものです。

浄土信仰の立場で唱えられるのが「南無阿弥陀仏」の名号で、これは「私は阿弥陀仏に帰依します」という宣言です。だから、いわゆる「ナンマイダ」という念仏は浄土信仰・阿弥陀信仰でのみ唱えられます（次項目で触れる日蓮宗などでは、念仏はけっして唱えられません！）。

⛰⛰ 空也と源信

浄土信仰の先駆者と位置づけられる空也（903〜72）は、諸国をめぐり歩いて道路の修繕などの社会事業を行いつつ、「南無阿弥陀仏」の名号を唱えて民衆に阿弥陀信仰を広げた。彼は、行き倒れた死体の火葬なども行い、「市聖」と呼ばれて多くの者を帰依させた。

源信（942〜1017）は天台宗の高僧で、末法に入るとされた1052年に先立って浄土信仰の結社を比叡山につくり、浄土信仰を広げた。著書『往生要集』には浄土の清浄さを強調するために地獄の恐ろしさを詳細に描写し、浄土信仰の立場を「厭離穢土、欣求浄土（穢れた娑婆の世を逃れ、浄土を願う）」とまとめた。なお、源信の念仏は阿弥陀仏の姿を心に念ずる観想念仏であった（のちの法然は、「南無阿弥陀仏」と唱える称名念仏を説いた）。

19 鎌倉仏教

この項目のテーマ

1 浄土教の展開
法然と親鸞の他力信仰をよく理解しよう

2 禅宗と日蓮宗
栄西、道元、日蓮の思想をていねいに理解しよう

1 浄土教の展開

　鎌倉仏教は、為政者や特権層のものであった仏教を刷新すべく、形成されました。それまでの仏教は、病気や災厄を**加持祈禱**（呪術の一種）によって取り除くなど**現世利益**と強く結びついていましたが、これが**信仰中心**となり、単純な修行法（**易行**）を採用し

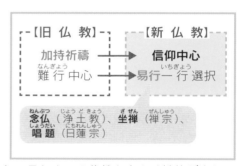

【旧仏教】 → 【新仏教】
加持祈禱 → **信仰中心**
難行中心 → 易行一行選択

念仏（浄土教）、**坐禅**（禅宗）、**唱題**（日蓮宗）

て民衆のなかへ入り込んでいきました。それまでの仏教と大きく性格が変わったという意味で**鎌倉新仏教**とも言われます。

　まずは、**浄土教**（浄土信仰）。平安末期に台頭した浄土教が、この時代には本格的に展開することになります。

法然（1133〜1212）　　◆主著：『選択本願念仏集』『一枚起請文』
- **浄土宗**の開祖
- 末法の世に**自力**での悟り（**聖道門**）は不可能　　衆生救済の願い
  ➡ **他力**信仰（**浄土門**：**阿弥陀仏の本願**にすがる）しかない
- 必要な修行は**称名念仏**のみ（＝**専修念仏**）

　鎌倉時代の浄土教は、天台宗を学んだ**法然**に始まります。難解な経典研究や厳しい戒律を重視する旧仏教では庶民は救われないとして、法然は比叡山を下りて浄土信仰を民衆に広める道を歩んでいきました。

そういえば、平安時代の源信も天台宗でしたね。

　そうですね。天台宗の理論体系には浄土信仰や坐禅なども含まれていたので、延暦寺でこれらを学んだ僧侶たちが鎌倉時代に独立していったのです。
　法然は末法思想を前提に、もはやこの世界において自力で悟り（＝**成仏**）を得るのはきわめて困難だとして、**弥陀の本願**にすがって往生を目指すしかないという他力信仰を全面的に打ち出しました。
　「弥陀」とは阿弥陀仏の略で、**本願**は本来の誓願といった意味です。阿弥陀仏は**法蔵菩薩**だった時代に、苦しむ衆生をすべて救うまでは自分の成道（成仏）をあと回しにするという誓願をしたという。その法蔵菩薩が、阿弥陀仏となって現に西方極楽浄土にいらっしゃるというのだから、弥陀の本願（他力本願）を信じることでわれわれは往生することができるというわけです。

往生するには何をすればいいんですか？

　ただひたすら「**南無阿弥陀仏**」と唱える（**称名念仏**）だけでいい。いや、ほかの修行はいっさい捨てるべきなのです。源信の場合は観想念仏でしたよね。また、ほかの修行を捨てろとも言っていなかったから、これらの点が法然の新しさです。念仏に専念するという意味でこれを「**専修念仏**」と言います。ちなみに、法然は毎日6万回もの念仏を唱えたそうですよ！

ポイント　法然の思想

- 末法において自力での悟りは不可能 ➡ 阿弥陀仏による救済を願う
- ただひたすら念仏を唱える（専修念仏）ことで、浄土へと往生できる

親鸞（1173～1262）　◆主著：『教行信証』

◎浄土真宗の開祖。「非僧非俗」の立場で肉食妻帯を実践

● 絶対他力：他力信仰の徹底　　　　　　　念仏は感謝の現れ
　　　　　　　　　　　　　　　　　　　　（報恩感謝の念仏）
　念仏による救済（念仏為本：法然の立場）

　➡ 信心による救済（信心為本：親鸞の立場）

　　➡ 信心すら与えられたもの（親鸞晩年の立場）

　　　∴すべてを阿弥陀仏に委ねるべき（自然法爾）

● 悪人正機説（弟子唯円の著書『歎異抄』で主張）

　　「善人なおもて往生をとぐ、いわんや悪人をや」

　{ ● 善人（自力の悟りを目指す者）：本来の救済対象でないが、救われる
　　 ● 悪人（凡夫の自覚をもつ者）　：本来の救済対象であって、救われる

浄土真宗の開祖と位置づけられる親鸞ですが、彼自身は独立した教団組織の指導者になろうという意図はいっさいなく、延暦寺で学んだのちに法然の弟子となり、90歳で没するまで法然の弟子を名乗り続けました。旧仏教からの圧力で専修念仏を説く法然が流罪となったとき、これに連座して親鸞も流罪となるとともに、僧籍（僧侶の資格）を剥奪されます。

親鸞

 僧侶資格を失ってしまったのですか？

　朝廷公認の僧侶ではなくなりました。でも、ここからが親鸞の偉いところで、彼はそれ以後、非僧非俗の「愚禿（剃髪した愚か者）」を名乗り、地位やカネにこだわる名ばかりの僧侶の肩書きを捨てて真の仏法を説いていきました。親鸞が「肉食妻帯」という破戒（戒律破り）をあえて実践するのもこの立場からで、最も救いが必要な民衆にとって避けられない行為（肉食妻帯）を否定するようでは、衆生救済を願う阿弥陀仏の教えと矛盾するとして、あくまで民衆とともに生きるという立場に徹したのです。

 親鸞の立場は、法然とまったく同じなんですか？

　本人はそう言うけど、より他力信仰が徹底されました（絶対他力）。法然はひたすら念仏を唱え続ければ往生できると説きましたが、親鸞は、念仏という

行為ではなく**阿弥陀仏への信心**によって往生が可能になると説きました。また、最晩年には、その信心すら阿弥陀仏に与えられたものであるとして、自力の要素をいっさい捨ててすべてを阿弥陀仏に委ねるべきだとする<u>自然法爾</u>の境地に達します。

 親鸞の場合、念仏はいらないんですか？

「南無阿弥陀仏」の念仏は、救済を求める言葉ではなく感謝の言葉へと意味が変わっています。つまり、信心によって救いは確定しているとして「お救いください」の祈りから「救ってくださってありがとうございます」となって、感謝の念からつい口をつくのが念仏だというんです（**報恩感謝の念仏**）。

 悪人正機説というのは？

親鸞の弟子である**唯円**の書いた『**歎異抄**』には、「**善人なほもて往生をとぐ、いわんや悪人をや**」という有名な言葉が出てくる。これが<u>悪人正機説</u>で、善人でさえも往生できる、ましてや悪人については言うまでもないという意味です。「善人」と「悪人」が逆のようにも見えますが、これで正しい。

ここでいう「**悪人**」とは文字どおりに「悪事をなす者」ではなく、自分が煩悩を捨てきれない者であるという自覚をもつ者、という意味です。凡夫の自覚があるからこそ阿弥陀仏にひたすら祈る心が生まれるわけで、そのような謙虚な者こそが真の救済対象なのです。

これに対して、あくまで自力での悟りを目指す**善人**（**自力作善の人**）は、なまじ努力家だけに、凡夫の自覚が足りず、阿弥陀仏にすがろうともしない。だから、一段低く位置づけられている。でもそんな善人でさえも阿弥陀仏は救ってくれるよ、というわけです。

⬆⬆ 遊行上人・一遍

　鎌倉仏教の開祖のなかで唯一延暦寺で学んでいないのが、**時宗**の祖と位置づけられる**一遍**（1239〜89）である。彼は、生涯1つも寺をかまえず、ひたすら全国をめぐり歩いて民衆を阿弥陀仏の功徳で救うことを目指したことから**遊行上人**と呼ばれる。すべてを捨てよと説いたことから**捨聖**とも呼ばれる。民衆を教化するため、彼は民衆とともに踊りながら念仏を唱え（**踊念仏**）、相手の信・不信を問わず「南無阿弥陀仏」と書かれた**念仏札**を配り歩いた。

2 禅宗と日蓮宗

　浄土教は自力での悟りを断念して、他力による往生を目指す点に最大の特徴がありますが、同じ鎌倉仏教でも禅宗と日蓮宗は、あくまで**自力での悟りを目指し**ながら仏教信仰を純化しようとしました。

　まずは禅宗から。「禅」とは禅定の略で、雑念を取り払って精神を安定させることをいい、禅宗とは坐禅を修行の中心に据えている宗派の総称です。

　このグループが坐禅を中心に据えたのは、仏教の始祖である釈迦が坐禅によって悟りを開いたからです。これを追体験することで悟りを目指すというのが禅宗なのです。インドから中国に坐禅をもたらした達磨（？〜530ごろ）が禅宗の始祖と言われます。この人には、ひたすら坐禅だけをやっていたために手足が腐ったとの伝説があって、ここからいわゆるダルマさんの置物が生まれました。

　禅宗の大きな特徴としては、**言葉や文字に頼らずに、みずからの体験を通して悟りを目指す**という点が挙げられます。「**以心伝心**」という言葉ももともと禅宗の言葉ですね。

栄西（1141〜1215）　◆ 主著：『**興禅護国論**』『喫茶養生記』
● **臨済宗**の開祖
● **看話禅**　：公案（禅問答）をしつつ、禅を行う
● 鎮護国家：禅が既成宗派と矛盾せず、国家守護に役立つことを強調

　日本における禅宗は、延暦寺で天台宗の教えを学んだのちに中国・宋に2度にわたり留学して禅宗を学んできた栄西に始まると言われます。彼が日本で開いた臨済宗の最大の特徴は、公案を重視すること（**看話禅**）。公案とは、俗に禅問答と呼ばれるもので、師匠から出される謎めいた問いに答えを出そうと頭をひねることで悟りに近づこうというものです。これらの問いはいずれも分別（知恵）ではとうてい解けないシロモノで、数学のような「正解」はありません。ぜひ考えてみてください。

栄西については、禅の教えが既成仏教とも国家権力とも矛盾しないと強調したことも特徴的です。この立場は『興禅護国論』(禅によって国を守る)という著書名に表れていますね。鎌倉に臨済宗の大きなお寺が多いのは、これが幕府によって保護されたことと関係があります。

また、茶道、華道、造園などは臨済宗の禅寺で育まれたもので、臨済宗は日本文化における貢献も大きいです。

> ▶ 僧がきいた。「達磨大師がインドから伝えたものはいったい何ですか?」 和尚は答えた。「庭先の柏の木だ」
>
> ▶ 僧が聞いた。「犬に仏性はあるでしょうか?」 和尚は答えた。「ない」
> ➡ いったい和尚は何を言おうとしているのか?
>
> (栄西『興禅護国論』)

道元(1200〜53)　◆主著:『正法眼蔵』
- **曹洞宗**の開祖、福井に**永平寺**を開く　　**公案は重視されない**
- **黙照禅**:ただひたすら坐禅せよ(**只管打坐**)
　➡ **身心脱落**(心身ともに束縛から解放される)(≒悟り)
　◎坐禅は悟りの手段ではない(**修証一等**:修行と悟りは一体)

もうひとつの禅宗である**曹洞宗**を開いたのが**道元**です。道元は14歳で出家し、延暦寺に学び、さらに臨済宗の教えも学んだが満足できず、中国・宋にわたり、**如浄**のもとで曹洞禅を学びました。

公案を通した悟りを目指す臨済宗に対し、曹洞宗は「**不立文字**(悟りは言葉で示せない)」をより強調するため、**ただひたすら坐禅する**ことが奨励されます(**只管打坐**)。そうすると、あるときふと**身も心もいっさいの執着から解放された境地**に至れる(**身心脱落**)というのです。

道元は、成仏の不可能を説く**末法思想を明確に否定**し、あくまで自力の禅に打ち込むことで悟りを目指すべきだと主張しました。

道元

なお、坐禅は悟りのための手段ではありません。道元の場合、**修行**(坐禅)と**悟り**(=証し)は一体です(**修証一等**)。つまり、修行は悟りという目的の単なる手段というわけではなく、修行の一瞬一瞬のプロセスがすべてなのです。これは、旅人にとって空間的に移動することが目的なのではなく、旅そのものが目的であるのと似ています。だから、曹洞宗では、掃除や洗面など生活のあ

らゆる瞬間を修行と心得て全力で取り組まなければならないのです。

臨済宗とくらべると、俗世や国家権力から意識的に距離を置こうという姿勢も特徴的です。都や鎌倉から遠く、福井の山中に永平寺を建立したのもその現れと言えます。栄西が朝廷や幕府からの保護を受けるのに苦心したのと対照的ですね。

なお、道元の大著『正法眼蔵』の教えは、その弟子・懐奘によって『正法眼蔵随聞記』として簡潔にまとめられています。

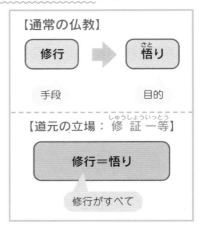

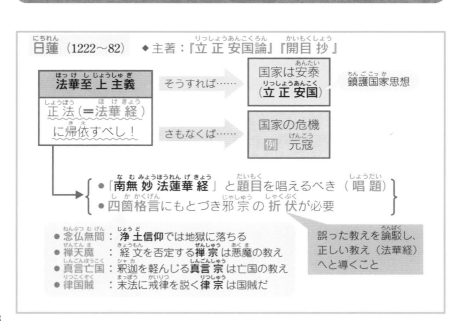

ポイント ▶ 臨済宗と曹洞宗

- 臨済宗は公案（問答）を行いながら坐禅をするが、曹洞宗は沈黙して坐禅に徹する（只管打坐）
- 道元における坐禅は悟りに向かう単なる手段ではない（修証一等）

日蓮（1222〜82）　◆主著：『立正安国論』『開目抄』

法華至上主義
正法（＝法華経）に帰依すべし！

そうすれば……　国家は安泰（立正安国）　鎮護国家思想

さもなくば……　国家の危機　例 元寇

- 「南無妙法蓮華経」と題目を唱えるべき（唱題）
- 四箇格言にもとづき邪宗の折伏が必要

誤った教えを論駁し、正しい教え（法華経）へと導くこと

- 念仏無間：浄土信仰では地獄に落ちる
- 禅天魔：経文を否定する禅宗は悪魔の教え
- 真言亡国：釈迦を軽んじる真言宗は亡国の教え
- 律国賊：末法に戒律を説く律宗は国賊だ

鎌倉仏教の最後を飾る日蓮宗は、もちろん日蓮によって開かれた宗派です。日蓮の思想で決定的に大事な点は、とにかく彼が法華経を重視したということにあります（**法華至上主義**）。日蓮が法華経を重要視した理由は、基本的に最澄の場合と同じです。しかし日蓮の場合、法華経がいわば至上の聖典となっています。人々がすべて正法（正しい教え）である法華経に帰依する（**立正**）ならば国家は安泰となる（**安国**）が、そうでなければ国難が起こってしまうといいます。

日蓮

　法華経に帰依しない他宗をすべて斥けるというのだから、他宗派からすれば受け入れがたい話だし、有力な寺社勢力と関係をもっている幕府にとっても困った教えです。そんなわけで、日蓮は、襲撃を受けたり流罪になったりと散々に迫害を受けます。ところが、まさにこの時代、日蓮の予言どおりにモンゴル人勢力の襲来（**元寇**）が起こってしまう。こうして意を強くした日蓮はみずからの正しさをますます確信し、弾圧を受けるのも末法の世における「**法華経の行者**」としての試練だとして「**われ日本の柱とならん**」とさけび、布教に邁進したのです。

日蓮によれば僕らは何をすればいいんですか？

　まずはしっかりと正しい信仰をもつことですね。とはいえ法華経は難しいし、またとても長い。そこで、その正式なタイトル（題目）である「妙法蓮華経」の名を唱える（唱題）だけでも功徳（ご利益）が得られる。だから、ひたすら**「南無妙法蓮華経」**と唱題することです。くれぐれも「南無阿弥陀仏」と唱える念仏と混同しないように。

　なお、法華経では、釈迦がインドに生まれて初めて悟りを開いた人物であるというのは方便だとして、釈迦は永遠の昔に悟りを開いて、永遠にわれわれを教化し続けてくれているとしています（**久遠実成の仏**）。

　あとは、誤った教えに対しては妥協せずに断固として闘い、迷える人々を正しい教えに導く**折伏**が必要です。とくに、念仏による往生を目指す浄土信仰の諸宗、それに禅宗、真言宗、律宗は**四箇格言**において邪宗と位置づけられています。このリストに天台宗が入っていないことに気づきましたか？もちろん、天台宗が法華経を信仰の中心に据えているからですね。

20 近世日本の思想(1)

この項目のテーマ

1 日本の朱子学と陽明学
江戸期に活躍した多彩な朱子学者と陽明学者の思想とは？

2 古学派の思想
山鹿素行、伊藤仁斎、荻生徂徠の思想を整理しよう

1 日本の朱子学と陽明学

　ここまでの日本思想史ではほとんど仏教ばかりが扱われてきたけれど、**近世**（江戸時代）になると、主役の座が**儒学**へと交替します。

　その背景としては、この時代には江戸幕府という強力な政権が成立して社会秩序が安定したため、**現世**をどのように生きるかという**道徳的指針**が求められたことや、幕藩体制を思想的に支える**身分道徳**が求められたことなどが挙げられます。こうした思想のニーズにフィットしたのが、儒学、とりわけ**朱子学**だったのです。

仏教		儒学
無常観		現世肯定
死後救済	→	現世道徳
平等思想		身分道徳

　儒学はこの時代にいきなり現れたんですか？

　そんなことはありません。儒学（≒**儒教**）はもともと仏教よりも古い段階で日本に伝えられています。ただ、江戸時代までは僧侶が教養として片手間に研究してきたんです。

　そんな僧侶の一人だったのが、「近世儒学の祖」と言われる**藤原惺窩**（1561～1619）。もともと彼は京都の禅僧だったんですが、しだいに**朱子学**に傾倒するようになり、**出世間**（俗世を捨てる）を説く仏教への疑問を深めて**還俗**しました（僧籍を捨てた）。これをもって、**日本儒学が仏教から独立**したとみなされています。

藤原惺窩が思想界の表舞台に登場したんですね。

　いや、惺窩は幕府から仕官するよう要請されたのを断り、自分の弟子だった林羅山（1583〜1657）を推薦しました。林羅山は、徳川家康以下、4代の将軍に侍講（君主や将軍の家庭教師、ブレーン）として仕えた人物で、この林羅山こそが朱子学を思想界の中心に押し上げ、**官学**（幕府公認の学問）化させた最大の功労者と言えます。

林羅山（1583〜1657）　◆主著：『三徳抄』『春鑑抄』

上下定分の理：自然界における上下の秩序が不変であるのと同様に、
　　　　　　　　　　　　人間社会の**身分秩序**も不変の真理
　↓
心に敬をもつべし（存心持敬）　　朱子が説いた居敬と同じ

　林羅山については、さっき紹介した簡単なプロフィールのほかに、**上下定分の理**をおさえましょう。天が上にあって大地が下にあるというのはだれにも変えられない真理ですね。これと同じように、人間社会における身分の上下もまた不変の真理だ、と。なんだか屁理屈のようだけど、とにかく林羅山はそう主張しました。幕府としては武士を頂点とする身分制を確立したかったのだから、この議論が歓迎されるのは当然ですよね。

　それから羅山は、君臣・夫婦・兄弟などあらゆる上下関係を確実にするため、心に**敬**をもたねばならない

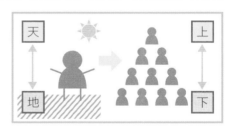

（**存心持敬**）と説いています。これは、朱子のところで見た**居敬**と同じです。「うやまい」ではなく「つつしみ」と読まなければならない点に注意。つまり、これは他者を大切にする心ではなく、自己を厳しく律することを意味します。この考え方は、被支配階級にとっては「分際をわきまえよ」という押しつけであっただろうけど、武士たちにとっては私利私欲を戒める精神文化として広まっていきました。

そのほかに、大事な朱子学者はいますか？

京都で活躍した山崎闇斎（1618〜82）が重要です。この人もまた僧侶から還俗して儒者となった経歴をもち、京都で私塾を開いて多くの弟子を育てました。山崎闇斎の思想の特徴は、**厳格な修養主義**と要約することができます。6000人とも言われた弟子の最有力者を破門にしてしまうほど峻厳をきわめる学風で、内なる悪を徹底的に抑え込むことで正義が実現すると説きました。また晩年には、連綿と続く天皇家を戴く神道の教えと儒教は本来同一であるとして、儒教と神道を融合させた垂加神道を創始しました。

🔼 その他の朱子学者たち

新井白石（1657〜1725）は、**木下順庵**（1621〜98）に朱子学を学び、のちに将軍の補佐役として幕政に参与した。キリスト教の布教のため密入国したイタリア人宣教師シドッティを尋問し、そこから得た知識をまとめた『**西洋紀聞**』は、キリスト教や西洋について開明的な理解を示したものと評されている。

雨森芳洲（1668〜1755）は、新井白石の同門として木下順庵に学び、対馬藩に仕えて外交官として活躍した。豊臣秀吉の朝鮮侵略を大義名分のないものと批判し、朝鮮との善隣外交に努めた。

貝原益軒（1630〜1714）は、「信ずべきを信じ、疑うべきを疑う」という実証的・合理的精神から**本草学**（今日の薬物学・植物学など）を研究した。また、『**養生訓**』を著して心身の健康を保つための方法を平易に指南している。

 陽明学者にはどんな人がいるんですか？

最重要なのが中江藤樹（1608〜48）。彼は、戦前の修身（道徳）教科書には必ず載っていた、親孝行かつ正直者の代名詞のような人物で、**日本陽明学の祖**と位置づけられています。

中江藤樹 (1608〜48)　◆主著：『翁問答』

● 日本陽明学の祖、「近江聖人」
● 孝の重視
● 時・処・位に応じて実践すべし
　　とき　ところ　身分

あらゆる道徳の基本原理
人を愛し敬う心（愛敬）

ただし、中江藤樹の言う「孝」は、単に親孝行だけを意味するのではなく、人間の内面から出てくる善の心（＝良知）そのものでもあり、これは愛敬とも言い換えられる。中江藤樹によると、どんな人でも磨けば輝く善の心をもっており、儒学の目的は知識を詰め込むことなどではなく、善をなす心を磨くことに尽きます。

朱子学は普遍的な理を強調し、画一的な道徳規範に従うように説きますが、藤樹は時（とき）・処（ところ）・位（身分）に応じて実践すべきだと言います。

中江藤樹

つまり、状況に応じてなすべき行為はちがうので、良心に従って心と行為を一致させることが大事だというのです。

彼は故郷に一人で暮らす老いた母に孝養を尽くすため、武士の身分を捨てて脱藩しています。これなどは、杓子定規な朱子学の立場からは絶対に許されない主君への裏切りですが、彼は自分の信念を貫いたということなのでしょう。位（＝身分）を重視していることからわかるように、彼はけっして身分秩序を否定したわけではありません。でも、心を磨き、内面に従って実践あるのみという陽明学の教えは、のちに吉田松陰や西郷隆盛ら倒幕の志士たちにも受け継がれることになるんですよ。

⇈ その他の陽明学者

中江藤樹の弟子であった熊沢蕃山（1619〜91）は、岡山藩の池田光政に仕えて、教育や土木事業など積極的な藩政改革に取り組んだ。しかし、陽明学を信奉することから、幕府や藩内の守旧派から圧力が強まり、辞職を余儀なくされた。
大阪町奉行所の与力（幹部）を務めていた大塩平八郎（1793〜1837）は、天保の大飢饉にさいして奉行所（役所）の無為無策に憤り、民を救うために挙兵した（大塩平八郎の乱）。陽明学の知行合一の立場から、正義を実践したものと受け止められている。

2 古学派の思想

　ここまで見てきた朱子学と陽明学は、いずれも儒学の一派ではあるけれども、孔子や孟子の時代から千数百年後に現れた儒学の解釈にすぎません。また、これらは草創期の儒学とくらべると、理論的に緻密にはなっているけれども、形而上学的な空理空論におちいっているという印象も否めません。まさにこうした点を突き、**儒学の原点回帰を目指すべきだ**という動きが起こってきました。それが古学派です。

　古学派というのは山鹿素行の古学、伊藤仁斎の古義学、荻生徂徠の古文辞学の総称で、いずれも儒学の**原典に忠実であれという主張**、「敬」を重視する朱子学の**厳格主義への反発**という特徴をもっています。

 なるほど。では、まず**山鹿素行**からお願いします。

山鹿素行（1622〜85）　◆ 主著：『聖教要録』
- 解釈に頼らず儒学の原典を研究する**古学**（聖学）を創始
- 欲望の肯定　　　　　　　農・工・商 の三民
- **士道**：武士は庶民の精神的模範たるべし
　　平時の武士道徳　　　　▶山本常朝による批判（『葉隠』）

　儒学者であり軍学者（兵学者）でもあった山鹿素行が直面したのは、**儒学はどうあるべきなのか**という主題と、**平時における武士の存在意義**という問題でした。

　前者の主題については、素行は、朱子などの解釈に頼らずに孔孟（孔子と孟子）の原典をよく読めという**原典復古主義**を説きました。これが古学と呼ばれるようになります。そして、素行が原典から読みとった教訓は、人間を観念的な「理」という型にはめてしまう硬直した朱子学に対し、『論語』などでは、欲望をも抱く**ありのままの人間**が肯定されているということです。

　また、後者の主題（武士の存在意義）についてですが、山鹿素行の時代は天下泰平の時代であって、もう戦乱の世ではない。だから、平時において武士に求められるのは、戦闘者としての能力よりは、精神的・道徳的なリーダーとしての資質です。これは、孔子の徳治主義を応用したものと言えるでしょう。農・工・商 の三民は生業に忙しいから、修養の暇はなかなかない。

そこで、為政者（＝武士）たるものは**道徳的な模範**であらねばならない、これが平時における武士の存在意義というわけです。

⬆️ 山本常朝の武士道

　佐賀（鍋島）藩の藩主側近として生きた武士の**山本常朝**（1659～1719）は、「**武士道といふは死ぬことと見つけたり**」（『**葉隠**』）と述べ、武士の生き様の本質を、「**常住死身**」（つねに死の覚悟をもつこと）に求め、儒教的な修養に武士の本質を見出した山鹿素行の士道論を批判した。

伊藤仁斎（1627～1705）　◆主著：『**童子問**』『**語孟字義**』
- 京都に私塾・**古義堂**を開き、**古義学**を創始　　『論語』と『孟子』の注釈
- 朱子学のような恣意的解釈を排し、**孔孟**を直接読むべし
- 道は卑近な人倫（人間関係）のうちにある　　とりわけ、孔子（『論語』）！
　➡ 儒学の根本精神は**仁**（**仁愛**）　　　　　『孟子』はその注釈書

仁の根本には誠（真実無偽の心 ➡ 忠信）が必要

　伊藤仁斎は京都で商人の子として生まれた人物で、山鹿素行と同様に、朱子学が儒学を歪めているという問題意識をもち、儒学の本来の意義（古義）を探究する**古義学**を創始しました。
　伊藤仁斎が重視したのは、儒学の数ある経典のなかでも『論語』や『孟子』、とりわけ『**論語**』です。彼にとっての『論語』は「**最上至極宇宙第一の書**」とまで言われるほどの完璧な聖典で、仁斎はいっさいの解釈を排して一字一句をすべて真実として受け止めるべきと説きました。

　よほど論語に惚れたんですね。で、『論語』から何が明らかになったんですか？

　朱子学者たちは、宇宙的な「**理**」を重視し、その観点から善悪を裁き、心に「**敬**」をもつよう説きます。でも、このような「**残忍酷薄の心**」は儒学の本質ではない。儒家の道とは「**人倫日用の道**」であり、要するに卑近な人間関係における**仁**（**仁愛**）こそ大切だというのが、仁斎の主張です。

第**3**章 ▶ 日本思想

20　近世日本の思想⑴　195

仁が大切と言われても、あまりピンとこないんですが……。

　普段の人間関係を思い起こしてみてください。円滑・円満な人間関係が成立しているときというのは、たぶんうそや偽りのない率直な関係を築けているときですよね。こうしたうそ偽りのない**真実無偽の心**（＝誠）があるならば、おのずと仁が成立し、五倫も成立する。逆に言うと、誠の心がなければ仁も礼も偽りの看板にすぎないというわけです。この「誠」は、「**忠信**」と言ってもほぼ同じです。

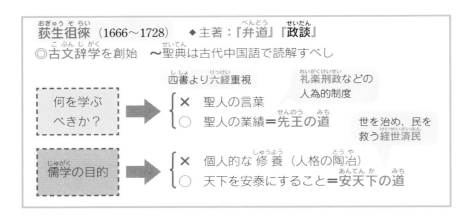

荻生徂徠（1666〜1728）　◆主著：『**弁道**』『**政談**』
◎**古文辞学**を創始　〜聖典は古代中国語で読解すべし

| 何を学ぶ べきか？ | → | × 聖人の言葉 |
| | | ○ 聖人の業績＝**先王の道** |

四書より六経重視　　礼楽刑政などの人為的制度

世を治め、民を救う経世済民

| 儒学の目的 | → | × 個人的な修養（人格の陶冶） |
| | | ○ 天下を安泰にすること＝**安天下の道** |

　古学派の最後を飾るのは、**古文辞学**を創始した**荻生徂徠**。「古文辞」というのは、儒学の経典が書かれた古代中国語という意味です。日本人は昔も今も中国の古典を日本語風に読み下しているけど、荻生徂徠の学校では日本語を禁止にして中国語でこれを研究したんですよ。
　また、彼は伊藤仁斎のように『論語』を特別視せず、むしろそれよりも古い六経を重視しました。六経というのは**五経**プラス、失われてしまった「楽経」を指します。

なぜ、孔子以前の経典を重んじたのでしょう？

　それは、聖人がつくった人為的制度（礼楽刑政）こそが、儒家が学ぶべき対象だと考えられたからです。伊藤仁斎を含めた儒者たちは、一般に聖人が何を言ったのかを金科玉条のようにとらえてきました。しかし、徂徠によると、大切なのは聖人たちの業績（先王の道）のほうです。

　徂徠によると、堯・舜といった中国の伝説的な王たちは、社会に秩序をもたらすために礼楽の作法を人為的につくってくれたという。そして、これらの作法が書かれてあるのは『論語』などの四書ではなく、孔子自身も学んだ六経のほうなのです。

荻生徂徠の立場だと、道は人為的なものなのですか？

　まさにそのとおり。朱子学では、道は客観的な「理」そのものだと考えられていたし、陽明学でも心の内面を清めればおのずと社会は整うと考えられていました。でも、徂徠によると、道とは聖人がつくったルールにすぎない（今日の道路交通法みたいなものだ）。朱子学者たちは個人的な修養を重んじたけれども、儒学の目的はむしろ社会に秩序と平和を与えること（安天下の道）であり、苦しむ民を救うこと（経世済民）だといいます。内面的な道徳と政治制度を分離したという意味で、「日本のマキャヴェリ」と評価されることもありますよ。

⬆⬆ 儒学者と赤穂浪士事件

　元禄時代に赤穂藩の浪士46人が江戸の吉良義央邸に乗り込み、主君の仇討ちを行うという事件が起こった（**赤穂浪士事件**、いわゆる「**忠臣蔵**」）。この事件をめぐっては、幕府指導部も儒学者たちも、意見が割れた。木下順庵の門下生であった朱子学者の**室鳩巣**（1658～1734）は、これを忠臣・義人たちによる義挙であるとして擁護したが、**荻生徂徠**は、私情にもとづいて公的な秩序を損なったとして切腹させるよう進言した。ここには、儒学者として何を重んじるかという根本的な姿勢のちがいを見てとることができる。なお、このエピソードをもとにしたフィクション「徂徠豆腐」は講談落語としてよく知られていますね。

21 近世日本の思想(2)

この項目のテーマ

1 国　学
国学者たちが探究した日本人の心とは？

2 民衆思想
町人や農民の立場に立った思想を押さえよう

3 洋学と幕末の思想
新時代を思想的に準備する、日本思想と洋学との対決

1 国　学

　前項目で見た古学派は、文献の実証的な読解によって日本の学問を大きく進歩させました。でも、そこで精読すべき対象とされたのはあくまで儒教の文献、つまり、外国で生まれた文献でした。そこで、しだいに「なぜ日本人が外国の文献ばかり読まなければならないのか？」といった疑問がわいてきました。そうした背景のもと、**日本の古典**を研究して**日本古来の精神**（＝**古道**）を探究しようという**国学**が成立したのです。

 その場合の、「日本の古典」とは？

　『**古事記**』や『**万葉集**』などです。「**聖人の道**」を説く儒教や、「**悟りの道**」を説く仏教は、理想の人間像を思い描き、これに遠くおよばない現実の人間を否定的に見ます。ところが、日本の古典には儒仏以前の、おおらかでのびのびとした日本人の文化や心のあり方が描かれているとして、これらをていねいに読み解くべきだと考えられたんです。

 なるほど。国学者にはどんな人がいるんですか？

まず契沖（1640〜1701）。この人は真言宗の僧侶だった人物で、『万葉代匠記』において『万葉集』を一字一句くわしく研究し、歴史的仮名遣いの原型を生み出しました。

そして、この契沖から強い影響を受けたのが荷田春満（1669〜1736）です。彼は神官の息子として育てられたため、神道（日本の神々への民族的信仰）を体系化するという目標をもっていました。そのための手段として、古義学や古文辞学からも学んだ文献学的手法を用いたというわけです。

賀茂真淵（1697〜1769）　◆主著：『国意考』『万葉考』

◎おもに『万葉集』を研究

- 男性的で力強い「ますらおぶり（**益荒男振**）」が理想の歌風（女性的な「たおやめぶり（**手弱女振**）」や、人為的な「**からくにぶり**」を批判）
- 古代日本人の精神は、素朴で雄渾な高く直き心

賀茂真淵は、浜松の神官の子で、古文辞学派の教えを受けたあとに荷田春満のもとで国学を学び、これを大きく発展させました。彼は、とくに、『万葉集』研究に傾注し、そこで基調となっている歌風が「ますらおぶり（**益荒男振**）」であることを発見しました。「ますらおぶり」とは、字面からもわかるとおり、繊細さや技巧には欠けるが**力強く男性的な歌風**のことを指します。

奈良時代に編纂された『万葉集』は日本最古の和歌集で、それ以降の時代の和歌集では、儒仏の影響を受けた人為的な「**からくにぶり**」や、繊細で女性的な「たおやめぶり（**手弱女振**）」の歌風が目立ってきますが、真淵はこれを堕落として批判します。そして、『万葉集』を歌った人々のなかに生きていた高く直き心を取り戻すべきだと言う。これは、日本古来の、**素朴で雄渾な人間らしい心**です。

つまり、真淵は技巧をこらした装飾的な美を批判し、素朴な歌と心を取り戻すべきだと主張したのです。

第3章　日本思想

本居宣長（1730〜1801）　◆主著:『古事記伝』『源氏物 語 玉の小櫛』

- 『古事記』研究
  ⇒ {
    - 惟 神の道（神々に由来する自然なあり方）に従うべき！
    - 日本人本来の心は真 心（人為的でない素直な心）⇔漢 意
  }
- 人間情緒の研究
  ⇒ {
    - 文芸の本質はもののあはれ（物に触れたときの心の動き）
    - 理想の歌風は、『古今和歌 集 』などに見られるたおやめぶり（**手弱女振**）
  }

　国学の大成者として知られるのが**本居宣長**です。彼は松坂（現在の三重県）で生まれ、学問をしつつ故郷で医業を営んでいたのですが、憧 れの賀茂真淵との面談がかない（松坂の一夜）、弟子入りするとともに真淵の助言を受けて本格的な『**古事記**』研究を始めました。宣長の『古事記』研究はじつに35年にもおよび、その成果をまとめたのが、大作『**古事記伝**』です。

本居宣長

本居宣長は『古事記』から何を読みとったんですか？

　宣長によると、儒 教 や仏教が人間を無理やり人為的な型に押し込もうとしてきたのに対し、古代の日本人は**神々の時代から受け継がれてきた、飾らない自然な生き方**をしていたという。これが惟神の道です。この世界ではうれしいことや悲しいことなど、じつにさまざまなことが生起する。そうした森羅万象 をさかしら（小賢しい分別）でもって善悪正邪へと分析するというのは、漢意のなせるわざです。

　漢意とは**外国風（中国風）の考え方**という意味で、具体的には儒教と仏教の考え方を指します。これらの教えは人間を外から縛る規範を前提としていて、それを破る行為は「悪」として批判・否定されてしまいます。このように、物事を思慮分別で裁くようなあり方を、宣長は漢 意 として批判したのです。

　だから、宣長が愛した『源氏物 語 』も、「仏教的な無常が描かれた書」というように小賢しく分析的にとらえるのではなく、うれしいことをうれしいとし、悲しいことを悲しいとするような素直な感情（**もののあはれ**）を 養 う書とすべきなんです。このような「**あはれ**（＝もののあはれ）」を知る心こそが「**よ**

くもあしくも、うまれつきたるままの心」と言われる**真心**であって、日本人の本来の心（**大和心**）であるとして、その回復を説きました。

なるほど。賀茂真淵を発展させた、といったところでしょうか。

いや、宣長は師匠の賀茂真淵と対立することも主張しています。歌道についての考え方です。

賀茂真淵は、**男性的な力強さ**が望ましいという考えだから、失恋に涙する光源氏（『源氏物語』の主人公）のような「女々しさ」は受けつけられなかったのですが、本居宣長はそうした女性的で繊細な「**たおやめぶり（手弱女振）**」こそが美しいと主張しました。宣長は、人間というものはそんなにまっすぐで強いばかりでないと考えていたのでしょうね。

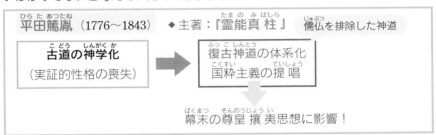

平田篤胤（1776〜1843）　◆主著：『霊能真柱』　儒仏を排除した神道

古道の神学化
（実証的性格の喪失）

復古神道の体系化
国粋主義の提唱

幕末の尊皇攘夷思想に影響！

国学の最後を飾るのは、平田篤胤。彼は、本居宣長の死後に夢で弟子入りを許されたとして「死後の門人」を名乗ったという、ちょっとヘンな人です。

それまでの国学者たちは、古典文献の読解から古代の日本人の心情を明らかにすることを目指していました。ところが、平田篤胤が目指したのは、**儒仏を排除した復古神道を体系化すること**であり、キリスト教や密教などさまざまな思想体系を取り入れて、独自の神学的体系を一人で構築してしまった。主著『霊能真柱』は、篤胤が『古事記』を読解したものですが、その解釈には明らかにキリスト教の影響が見られ、天御中主神など造化三神による天地創造などが描写されています。彼が体系化した復古神道は、幕末に**尊皇攘夷思想**へ影響を与え、明治以降の国家神道の基礎にもなっていきました。

2 民衆思想

　これまでの時代の日本で「思想家」と言えそうな人物は、知識を独占してきた僧侶がほとんどでした。しかし、江戸時代には生産力の上昇を背景に、医師など市井の民も学問の世界で業績を上げるようになり、**民衆的な立場に立脚した独自の思想**が台頭してきます。

　まずは、当時の江戸を経済的に支えていた**町人**（≒商人）階級の心情を代表した思想家として、石田梅岩を見ましょう。

石田梅岩（1685〜1744）　◆ 主著：『都鄙問答』
● 正直・倹約を中心とした平易な町人道徳を説く

　　　　　神道・儒教・仏教 を融合した石門心学

● 商人の営利活動を正当化（賤貨思想を否定、利潤追求は「天理」）
　　…「商人の買利は士の禄に同じ（商人の利潤は武士の給料と同じ）」

　　▶身分秩序そのものは否定していない！（知足安分を主張）

　農民出身の石田梅岩は、京都の商家に奉公に出されていましたが、勤勉に働きつつ学問を修めました。そして、45歳のときに聴講無料で女性も学ぶことのできる私塾を開き、体系的な学問を学んだことのない人でも理解できるよう**平易な町人道徳**を説きました。彼の学問は、**神道・儒教・仏教**を融合した折衷的なもので、**石門心学**と言われます。

 それだけ聞くと、思想としては凡庸な印象を受けますが。

　そうばかにしたものじゃないですよ。梅岩の思想史的な意義は、何と言っても**商人の営利活動を正当化**した点にあります。江戸時代には、商人の営利活動は卑しいものだとみなす賤貨思想が根強く残っていました。これに対して、梅岩は、物流を担う商業が社会の経済循環に不可欠な営みであることを熟知していたため、商人の職分は武士とくらべてもなんら卑下すべきものでないとして、商人が利潤を獲得することも天理であると説きました。これは、ウェーバーがカルヴァン主義に見出した利潤肯定の考え方にも通じますね。

　もっとも、彼は職分に満足することを覚えるべき（知足安分）だとも言っているので、身分秩序そのものを否定したわけではありません。

ちなみにこのころには、仏教者のなかからも、元武士の鈴木正三のように、各人が農業や商業など自己の職分に励むことが仏道の修行になると説く者も現れました。

⬆⬆ 町人文化

　上方（京都・大阪）や江戸では商品経済の発展に伴い、町人の文化が興隆した。その代表が、『好色一代男』や『日本永代蔵』などの浮世草子（当時の小説の一種）で、庶民の文化や心情を飾らずに軽妙に描き、世間というものが無情の憂世ならぬ、享楽的な浮世であることを示した井原西鶴（1642～93）や、義理（公的規範）と人情（私的感情）とのあいだで葛藤する庶民の姿を人形浄瑠璃に描いた近松門左衛門（1653～1724）などである。

　また、大阪では商人たちが出資して懐徳堂という民間の学校がつくられ、ここでは身分を問わず教育を受けられ、おおいに栄えた。懐徳堂が輩出した思想家としては、大乗仏教が本来の仏教とは異なるという大乗仏教非仏論を唱えた富永仲基（1715～46）や、無鬼論（一種の無神論）を提唱した山片蟠桃（1748～1821）などがおり、伝統にとらわれない自由な思想が生まれた。

安藤昌益（1703～62）　◆主著：『自然真営道』

◎身分秩序と封建思想を厳しく批判

- 自然世（理想社会）：万人直耕の平等社会、自給自足
- 法世（現実社会）：不耕貪食の徒がいる身分社会
  ▶ 神道・儒教・仏教などが、自然世を法世へと堕落させた

　八戸（青森県）の医師として地域医療に従事していた安藤昌益は、当時、無名の存在でした。ところが、明治時代になって初めて彼の膨大な著作が発見され、これが戦後にカナダ人外交官ノーマンによって「忘れられた思想家」として紹介され、大きな反響を呼びました。

　どんな点ですごいんですか？

　彼によると、だれもが耕し（万人直耕）自給自足する自然世が理想であって、他人の労働に寄生する不耕貪食の徒（武士や知識人）が威張り散らしている法世は間違っている。この問題意識は、ちょうど同時代人であったルソーの文明批判とも通じるものがありますね。

　安藤昌益は、本格的な学問的修行をしたことのない一介の地方医師にすぎ

なかったので、仏教や儒教などについて正確な理解があるわけではありません。けれども、当時の日本で**身分秩序を正面から批判**し、**仏教・儒教・神道といった支配的な思想が体制を擁護するイデオロギーだという点まで見抜いた**のは、じつに驚くべきことです。

　安藤昌益はまた、自然と人間の調和する社会を夢見たということからエコロジストとしても再評価されています。

二宮尊徳（1787〜1856）
　◎農政家として農村復興に尽力、「**農は万業の大本**」
● 農業は**天道**（自然の働き）と**人道**（人の働き）により成立
　　➡天地や他人の恩に報いるべき（**報徳思想**）

その手段	
	● **分度**：経済力に応じた生活（倹約、**合理的生活設計**）
	● **推譲**：余剰を社会に還元 or 自分の将来のために貯蓄

　最後は**二宮尊徳**。小学校によく銅像がある二宮金次郎のことですね。この人は、戦前の「修身」の教科書に刻苦勉励の見本として紹介されたものだから、今日でもそのイメージが非常に強い。でも、現実の二宮尊徳は、むしろ破綻寸前の企業や自治体を立て直す経営コンサルタントに近いかもしれません。現に、彼は故郷の小田原藩をはじめ、各地の財政健全化に辣腕をふるいました。

　へえ！　具体的にはどうやって？

　当時（幕末）、経済の中心を占めていたのは、言うまでもなく農業でした。ところが、多くの農村では収穫もふるわず荒廃し、藩財政は悪化の一途をたどる状況でした。そこで彼は、自然の働きとしての天道はコントロールできないが、人間の働きである人道はそうではないとして、徹底的な合理化を進めていきます。

　まず彼は、収入の見込みを厳密に計算したうえで支出の計画をたてるべきだと説く。要するに、**身の丈にあった経済設計**をすべしということです（**分度**）。次に、こうした当たり前のことを徹底すれば、個人レベルでも藩レベルでも余力が生じるから、これを自分の将来、あるいは他者のために回すべしとされます（**推譲**）。

　そして尊徳は、こうした実際的な取り組みを先人や他者のために尽くすという思想（**報徳思想**）へと昇華したんです。

③ 洋学と幕末の思想

　江戸時代は「鎖国」の時代と言われますが、実際には朝鮮や中国からさまざまな思想や文物が流入していましたし、オランダとの交易を通じて西洋の学問や科学技術も入ってきていました。それが**蘭学**（オランダの学問）です。**杉田玄白**らがオランダ語の医学書を翻訳して『**解体新書**』として発表したことなどはよく知られていますよね。けれども幕末に外国からの開国圧力が強まると、次第に幕府は態度を硬化させ、鎖国政策を批判した**渡辺崋山**や**高野長英**らの弾圧に乗り出しました（**蛮社の獄**、1839年）。

　でも結局、幕府は開国を余儀なくされ、開国後は英仏などからも文化が流入するようになり、まとめて**洋学**と言われるようになりました。この時期には**緒方洪庵**が大阪に開いた**適塾**（福沢諭吉らを輩出）などの蘭学塾も繁盛しました。

　しかしもちろん、西洋一辺倒になったわけではなく、幕末には、**科学技術**の面では西洋のものを受容する必要を説きつつ、**思想**面では日本ないし東洋のものを堅持するという**和魂洋才**の考え方が台頭しました。

　その典型が儒学者・兵学者の**佐久間象山**（1811-64）です。彼はもともと儒学者でしたが、藩主の命を受けて西洋式の砲術を含む兵学を研究すると、たちまち西洋の科学技術の意義を見抜き、これを研究する重要性を訴えました。その際のスローガンが「**東洋道徳、西洋芸術**」です（この場合の「芸術」は「技術」を意味する）。彼は、**儒教的な道徳**の優位性を確信していましたが、西洋列強からの侵略を防ぐためには**西洋式の技術**をモノにしなければならないと考えたのです。

　熊本藩士の**横井小楠**（1809-69）も「**堯舜孔子の道を明らかにし、西洋器械の術を尽くす**」と述べ、象山と同様の和魂洋才の教えを説いています。

　というわけで、幕末にも儒教道徳は依然として強力でしたが、幕末の儒学は天皇を国家の支柱に据える「**国体**」論という側面も帯びてきます。

　その先駆となったのは会沢正志斎や藤田東湖らによる**水戸学**で、彼らは儒教の**大義名分論**（臣下は君主に忠実であれ）を国体論と結びつけ、幕府よりも天皇への忠誠を説きました。またこの流れを引き継いだのが佐久間象山の弟子であった**吉田松陰**（1830-59）で、**一君万民論**（藩と身分を超えてだれもが天皇に忠誠を尽くすべき）を説いて尊王倒幕運動の理論的基礎がつくられました。

22 日本の近現代思想(1)

この項目のテーマ

1 啓蒙思想と民権思想
福沢諭吉と中江 兆民はどのような近代化を目指したのか?

2 内面の刷新――キリスト者と文学者
キリスト者と文学者は、時代とどのように格闘したのか?

3 近代化への対応――社会主義と国粋主義
近代化のひずみに、思想家たちはどう対応したのか?

---

1 啓蒙思想と民権思想

　ここからは、明治維新以降の近現代日本の思想を扱います。多くのグループと思想家が登場するから、知識をしっかりと整理しましょう。

　さて、維新後の日本にとって最大の課題は、いかにして**近代化**を進めるかということでした。19世紀後半の日本は、すでに**市民革命**と**産業革命**を済ませた欧米列強とくらべて明らかに立ち遅れていました。大国の中国さえもが半植民地化される危機的状況のなか、日本は一刻も早く近代化（≒**文明開化**）する必要に迫られていたのです。

> なるほど。それで思想家も近代化という課題に向きあったんですね。

　そう。そして、その役割を自覚的に担おうとしたのが、明治6年に結成された**明六社**の啓蒙的な知識人たちです。彼らはおもに留学経験をもつ若手の元幕臣たちで、新政府に雇われ、強い使命感をもって**政府の近代化政策**を思想的に支える役割を果たしました。

> **明六社**にはどんな人がいるんですか?

圧倒的に有名なのは福沢諭吉ですが、彼はいったん後回しにして、まずその
ほかの人物の簡単なプロフィールをチェックしておきましょう。

明六社のメンバーたち	
森　有礼 （1847〜89）	**明六社の発起人。初代文部大臣。** いち早く廃刀を訴え、**男女同権**や英語国語化論などを提唱したが、国粋主義者に襲われて死亡。
西　周 （1829〜97）	オランダに留学して法学や哲学を学ぶ。軍人勅諭の起草にかかわるなど、新政府で要職を歴任。「**哲学**」「**理性**」などの訳語を創案。
中村正直 （1832〜91）	スマイルズ『**西国立志篇**』やJ.S.ミル『**自由之理**』などの訳書を刊行。
加藤弘之 （1836〜1916）	東京大学初代学長。もともと**天賦人権説**の立場に立って立憲政体を擁護していたが、のちに**社会進化論**に転向して民権思想を批判。

　さて、では近代日本の思想家で最重要と言って間違いない福沢諭吉（1834〜
1901）について見ていきましょう。この人は超有名人ですね。彼の仕事はじつ
に多岐にわたります。その核心は**封建制を徹底的に批判**し、**独立した個人**によ
る社会をつくるよう説いたことにあると言えます。

福沢諭吉（1834〜1901）　◆主著：『**学問のすゝめ**』『**文明論之概略**』

■ 封建制批判
- 天賦人権論〜人間の貴賤は、**生まれ**ではなく**学問**の有無で決定
　：「**天は人の上に人を造らず、人の下に人を造らずと云えり**」
- 独立自尊
　：「**一身独立して一国独立す**」（強い個人 ➡ 強い国家）
- 実学の奨励
　：**数理学**（例　物理学、経済学）⬅➡ **虚学**（例　儒学）

■ 国権論への傾斜（晩年）
- **官民調和論**：民権論への批判（国の独立・発展がより重要）
- **脱亜論**　：遅れたアジアとの連帯は諦めよう

　福沢諭吉は、万人が平等につくられているという**天賦人権論**の立場に立って
いました。これは、下級武士という家柄ゆえに出世できなかった父のことが念
頭にあったようで、「**門閥制度は親の敵にござる**」と述べています。家柄や出
身地で人の生涯が決められるのはおかしい、ということです。

では、人間は完全に平等だと？

　いえ、諭吉によると<u>人間の価値は学問</u>の有無によっ
て決まります。才能にちがいはないし家柄も関係ない
のだから、あとは努力あるのみ！　というわけです。
　ところで、彼は、西洋にあって東洋にないものが2
つあると言います。それが、**独立心**と**数理学**（≒**実学**）
です。彼は明六社のほかのメンバーとちがい、最後ま

福沢諭吉

で新政府に仕えなかったんですが、それは、彼が独立心ということを非常に重
視していたからです。彼はだれかに雇われ依存するということが人間にとって
どれほどマイナスになるかをよく知っていたから、**独立自尊**の精神で事業を起
こし、新聞社をつくり、私塾（**慶應義塾**）を開いた。そして、学校では空理
空論ではなく、実社会で役に立つ実学を教えたのです。

 でも、たしか諭吉って晩年には**転向**したんですよね。

　たしかに、**彼は民権派を厳しく批判**し、アジアとの連帯を放棄する**脱亜論**を
唱えています。だから、これを福沢諭吉の限界とする論者も少なくありません。
けれども、諭吉がアジア諸国に見切りをつけたのは、旧態依然たる封建思想
と封建体制をいっこうに脱せられないことへの失望感ゆえであって、けっして
アジアの人々への差別意識ゆえではありません。
　福沢諭吉は驚くほど柔軟で自由な思想家であり、その文章は今読んでも清新
なことこのうえない。ぜひ原文を味わうことをオススメします。諭吉の「限界」
を語るのは、それからで十分ではないでしょうか。

> ## ポイント▶ 福沢諭吉の思想
> - 封建制を徹底的に批判し、**独立心**をもち**実学**を身につけた個人からな
>   る社会を構想した
> - 民権論に対して**官民調和**を説き、晩年には**国権論**に傾斜し、**脱亜論**を
>   説いた

啓蒙主義者ってすこし「上から目線」的な感じがします……。

　たしかにそういう部分があるかもしれません。近代化が最大の課題であった明治初期には、一方で政府の近代化と連動しようという思想動向があった。これこそが明六社の啓蒙思想です。でも他方では、新政府の立場とは一線を画し、**自由民権運動**と連動して下からの近代化を進めようとする**民権思想**も起こっていた。自由民権運動というのは藩閥政治を批判し、「憲法をつくれ」「国会を開け」などと要求した運動のことですね。

　啓蒙思想家たちは必ずしも**民権**を否定していないけれども、たしかに**国権論**（国家の独立を強調）に重きを置いていた。とくに対外的な緊張が高まる状況では、民権派と国権派のあいだにはちがいが目立つようになりました。というわけで、明治初期には大きく分けて2つの思想潮流があったということになります。

啓蒙思想	民権思想
● **政府**の近代化と連動、上からの近代化 ● **イギリス**流の漸進的改革、明六社	● **自由民権運動**と連動、下からの近代化 ● **フランス**流の急進的改革

　このうち民権思想の代表者が、なんと言っても「**東洋のルソー**」と呼ばれた中江兆民（1847〜1901）です。

```
中江兆民（1847〜1901）　◆主著：『民約訳解』『三酔人経綸問答』

● 民権思想の代表〜「東洋のルソー」

● 2つの民権　　　　　　　　　　ルソー『社会契約論』の部分訳
　　　┌─────┐
　　　│恩賜的民権│：為政者から与えられた権利　例　日本
　　　└─────┘
　　　　　⬇　育てていくべき　　　　　権利の内容を豊富にしよう！
　　　┌─────┐
　　　│恢復的民権│：人民が勝ち取った権利　例　英・仏
　　　└─────┘
●「**日本に哲学なし**」〜日本人は自分の頭でものを考えない
● 無神無霊魂（独特の唯物論）
```

中江兆民は、自由民権運動の根拠地となった土佐の出身で、若き日にフランスに留学をしています。帰国後の兆民はルソーの『社会契約論』の部分訳として『民約訳解』を刊行し、また、衆議院議員にもなって民権派の思想的リーダーとして活躍します。

中江兆民

ただ、「民権」には2種類あるという。それが、**恩賜的民権**と**恢復的民権**。より望ましいのは、英・仏が市民革命で勝ち取ったような恢復的民権です。この権利は、人民自身が勝ち取ったものだから、その内容も分量も自分たちで決定できます。では、恵み与えられただけの恩賜的民権は意味がないのかというと、そんなことはない。与えられた権利であっても、その内容を実質化させられるかどうかは民衆しだいなのだから、これを充実するよう努めるべき、とされます。これが『三酔人経綸問答』の議論です。3人の酔っぱらいが政治について話し合いました、という著作です。

 「**日本に哲学なし**」ってのはどういう意味？　日本にも思想家はいたはずじゃないですか！

兆民の晩年の言葉「**日本に哲学なし**」とは、自分の頭でものを考える習慣がない、という嘆きの言葉です。たしかに、日本にもさまざまな思想家がいたけど、兆民に言わせれば、彼らはみな過去の文献を研究していただけであって、そこには信念も主張もなかった。日本では、政治の論議なども確固たる自分の信念や主義・主張がないため、表面的で空疎なものとなってしまっている、と。今日の日本にもあてはまりそうな批判ですね。

福沢諭吉を含めた多くの思想家が国権論に傾斜する時代にあって、兆民はあくまで「**民権これ至理なり、自由平等これ大義なり**」（『**一年有半**』）と言い続けました。筋金入りの民権派だったと言えるでしょう。

⬆⬆ 植木枝盛の私擬憲法

植木枝盛（1857～92）は、中江兆民と同じく土佐出身の民権運動家で、上京して福沢諭吉に師事するなどして研鑽を積み、『**民権自由論**』などを著す。政府が憲法の制定を発表すると、各地で私的な憲法草案がつくられた。その代表が、彼のつくった**東洋大日本国国憲按**で、ここには**主権在民**や**抵抗権**といった先進的な内容が盛り込まれていた。

2 内面の刷新──キリスト者と文学者

　明治期には、**心の内面**も刷新して近代化すべきだという考え方が生まれ、知識人を中心に、西洋のすぐれた文明の根底にある**キリスト教**への関心が高まっていきました。その代表が**内村鑑三**です。

内村鑑三（1861〜1930）

◆ 主著『余は如何にして基督教徒となりし乎』『代表的日本人』

- 「二つの J」（イエスと日本）への忠誠　　　　教育勅語への敬礼拒否
  ➡ 「武士道に接木されたるキリスト教」　▶不敬事件　➡ 失職
- 無教会主義：信仰に教会堂は不要
- 非戦論　　　：日露戦争に反対、絶対平和主義　どんな戦争にも反対

　内村鑑三は札幌農学校に学んでキリスト者となり、さらにキリスト教の国アメリカに行って神学を学んだんですが、そこで彼が見たのは、物質文明に毒されたアメリカでした。これに失望し、内村はかえって日本を見直すことになる。清廉な**武士道**精神の浸透した日本でこそ、キリスト教は根づくのではないか、と。こうして彼は Jesus と Japan という「**二つの J**」への忠誠を捧げることになります。

なかなかの愛国者なんですね。

　熱烈な愛国者ですよ。彼は『**代表的日本人**』という本も書いていて、ここでは、日蓮や中江藤樹なども日本の心を代表する人物として好意的に紹介しています。ただし、もちろんキリスト教の神以外を神として認めるわけにはいかなかった。そのため天皇を神格化した教育勅語の奉読式では最敬礼を行わず、これが原因で第一高等中学校の教員職を失う憂き目にも遭っています（**不敬事件**）。

　内村に関しては、そのほか、**無教会主義**の立場と**非戦論**を唱えたことをおさえましょう。彼は、じつは日清戦争には賛成の立場だったんですが、その悲惨なありさまを知り、あらゆる戦争に断固として反対する戦争廃止論に進んでいったのです。

そういえば、以前の5000円札の肖像は、内村鑑三じゃなかったっけ？

それは新渡戸稲造（1862～1933）ですね。新渡戸は内村の親友だった人で、同じく札幌農学校で洗礼を受け、のちに**国際連盟事務次長**として大活躍した、いわば日本初の本格的国際人です。彼は、日本人の精神的基盤が武士道にあるとして、英語で『武士道』を著しています。内村と共通点が多いから混同しがちですね。

⬆⬆ その他のキリスト者

新島襄（1843～90）は、若いころに脱藩し、アメリカに密航してキリスト教を学び、帰国後は京都に**同志社**を設立して、**安部磯雄**や**徳富蘇峰**などの著名な人物を育てる。**植村正久**（1857～1925）は、キリスト教を日本人のものとすることに尽力し、東京神学社（今日の東京神学大学）をつくるなど、福音主義の普及に努めた。

そのほか、明六社の**森有礼**や**中村正直**、文学者の**北村透谷**や**有島武郎**、社会主義者の**片山潜**など、明治・大正の知識人には多くのキリスト者が含まれていた。

さて、明治中期ごろからは**文学**、とりわけ**小説**の形をとって自我を探求する動きが強まります。時代の大きな転換点にさいして日本社会のあるべき姿が文学的に探求されたと言えます。

 どんな文学が登場するのですか？

最初に注目すべき潮流は、浪漫主義。これは、それまでの**封建的な束縛**に反発し、自我の解放を説く立場で、**身分**や**家柄**や**性別**にもとづく秩序を否定し、自分の**感性**に従って自由に生き方を探求しようというわけです。具体的には、**北村透谷**と**与謝野晶子**がその典型ですね。

北村透谷（1868～94）は、青年期に自由民権運動に参加した理想主義者でしたが、運動が過激化して挫折してしまいます。こうした経験から、彼は**実世界**（社会や現実）の変革を諦め、内面的な**想世界**（宗教や文学の世

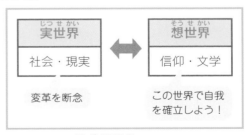

界）で自我を確立すべきことを説きました（『**内部生命論**』）。この「想世界」のなかでとくに重視されるのが**恋愛**で、彼は「恋愛は人世の秘鑰（＝鍵）なり」と述べています。

与謝野晶子（よさのあきこ）（1878〜1942）は、歌集『みだれ髪（がみ）』のなかで大胆に**官能**を肯定した歌をよみ、当時の世間に衝撃を与えた。彼女はまた、日露戦争に出征した弟の無事を祈る歌（「**君死にたまふこと勿（なか）れ**」）でも物議をかもし、封建道徳に縛（しば）られない自由な感情を表現しています。

既成の道徳に縛られない自由な立場が**浪漫派（ロマンは）**というわけですね。

そういうことです。これに対して、**現実の厳しさ**を直視しようという**自然主義**も台頭してきます。その代表は、浪漫主義の詩人として出発した**島崎藤村（しまざきとうそん）**（1872〜1943）で、『破戒（はかい）』などの小説で部落差別などの社会問題を含めた過酷な現実をありのままに描写しました。

しかし、自然主義の主流は、しだいに俗悪な現実を無批判に描くものになってしまったため、これへの反発として**反自然主義**の立場（たいとう）が台頭します。その典型が、**森鷗外（もりおうがい）**と**夏目漱石（なつめそうせき）**です。

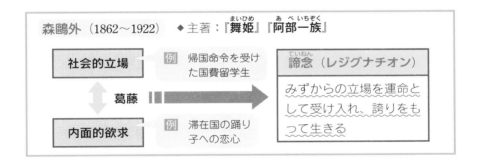

森鷗外（1862〜1922）　◆主著：『舞姫（まいひめ）』『阿部一族（あべいちぞく）』

社会的立場	例 帰国命令を受けた国費留学生
葛藤	
内面的欲求	例 滞在国の踊り子への恋心

諦念（ていねん）（レジグナチオン）
みずからの立場を運命として受け入れ、誇りをもって生きる

まず、森鷗外。彼が多く描いたのは、**社会的立場**と**内面的欲求**のあいだに葛藤が起こる状況です。このようなときに、人は大きなジレンマに立たされる。でも、一方をすっかり捨てるのではなく、**自分の境遇をみずからの運命として引き受ける**ということもできるはずです。これを、鷗外は諦念（レジグナチオン）と言います。

これは、現実に妥協する後ろ向きな生き方に見えるかもしれません。でも、たとえば親の介護のために自分の夢を諦める場合などを考えて見ると、このときには、自分の心がまえしだいで、前向きに生きることはできるはずです。鷗外の言いたかったことがわかるでしょうか。

夏目漱石（1867～1916）
- 人間の**エゴイズム**（利己主義）を直視
  ➡ 自己本位の個人主義を提唱（講演『**私の個人主義**』）

自己の内面的欲求に忠実&他者を尊重

- 近代化 { ● **内発的開化**：自発的な近代化（欧米）
         ● **外発的開化**：外圧による表層的な近代化（日本）
- **則天去私**：小さな我を捨てて天（≒自然）に従う〜漱石晩年の境地

　夏目漱石も、小説のなかで近代という時代と正面から格闘した作家です。彼は、人間の**エゴイズム**（**利己主義**）に苦しみますが、**自己本位**の生き方をすることでこれを克服できるという結論に至りました。

 身勝手な生き方をすべきだということですか？

　漱石の言う「自己本位」とは**自分の内面に忠実**な生き方という意味で、他者に迎合する「**他人本位**」と対をなします。だから、自己本位の生き方は身勝手どころか**他者を尊重**する生き方でもある。
　もっとも、漱石は、晩年になるとこの主体的あり方も相対化させていき、小さな我にこだわるのではなく、天（≒自然）に従うという達観した境地（**則天去私**）に至っています。

⬆⬆ その他の文学者

　武者小路実篤（1885～1976）や**有島武郎**（1878～1923）など、上流層出身の作家たちの**白樺派**は、理想的な人道主義を掲げた作品を描いた。実篤は、理想的共同体「新しき村」を建設するなど、その理想の実現にも情熱的に取り組んだ。
　「雨ニモマケズ」などの詩で知られる詩人・童話作家の**宮沢賢治**（1896～1933）は、郷里の岩手で農業の指導をしつつ詩作を続け、自然との強い一体感による独自の文学世界をつくった。彼はまた、熱烈な法華経信仰をもち、「世界がぜんたい幸福にならないうちは個人の幸福はあり得ない」との言葉を残している。

214

③ 近代化への対応──社会主義と国粋主義

　明治維新ののち、日本は政府主導で急速な近代化を果たしていきました。でも、その陰では、日清戦争後の資本主義の発展に伴う労働問題の激化や、日本の伝統的価値が損なわれることへの反発なども起こっていたのです。ここではこうした動き、具体的には**社会主義**と**国粋主義**の動向について見てみましょう。まずは社会主義から。

社会主義の動向

共産党の世界組織

■ キリスト教的人道主義からの流れ
- **片山潜**　：日本初の労働組合を組織、モスクワのコミンテルンで活躍
- **安部磯雄**：日露戦争で非戦論を提唱、日本フェビアン協会を結成

■ 自由民権運動からの流れ

天皇の暗殺未遂事件
- **幸徳秋水**：**堺利彦**らと**平民社**を設立し、『**平民新聞**』を主宰、**大逆事件**で処刑

■ 学問研究からの流れ
- **河上肇**：京都帝国大学教授。貧困問題の研究からマルクス経済学者に

　日本の初期社会主義者には、大きく2つの系統があります。ひとつは、**キリスト者としての人道主義から社会問題に関心を深めていった流れ**で、**片山潜**（1859〜1933）や**安部磯雄**（1865〜1949）らがこれにあたります。2人とも、アメリカで「キリスト教社会主義」と呼ばれる潮流と交わり、帰国後に日本初の社会主義政党である社会民主党の結成（1901年）に参加しました（ただし、この党は直ちに禁止命令を受けた）。

　一方で、**自由民権運動から身を起こし、この挫折後により急進的な社会主義運動に進んだ流れ**がある。**幸徳秋水**（1871〜1911）が典型です（中江兆民の元弟子）。彼も社会民主党の結成に参加しています。彼は1901年に、世界的にも評価の高い『**廿世紀之怪物帝国主義**』を刊行するなどの活躍を見せますが、1911年に**大逆事件**で処刑されました。これは、明治天皇の暗殺計画が発覚したという事件ですが、幸徳秋水は事件と無関係であったことがわかっています。

　なお、そのほかの社会主義者としては、経済学者の**河上肇**（1879〜1946）がよく知られています。彼の『**貧乏物語**』（1916年）は、当時の大ベストセラーになりました。

ポイント 日本の社会主義運動

　資本主義の発展とともに登場した日本の社会主義運動は、**キリスト教的人道主義**と**自由民権運動**という２つの潮流から成長した。**大逆事件**で**幸徳秋水**が処刑されたことに示されるように、政府はこれらの運動を弾圧した。

　日本の近代化の過程では、欧米諸国から一等国とみなしてもらいたいために行われた、安直かつ無理な欧化政策も見られました。鹿鳴館という西洋風の社交施設をつくって外交官を連日連夜接待したのはその象徴だし、日本語を廃止して英語を公用化しようといった声すら挙がっていた。こうした政府主導の極端な欧化主義に対して、**自国のアイデンティティを重視すべきだという反動**が起こりました。これが国粋主義です。

なんだか、江戸時代の国学にも似ていますね。

　いいところに気づきましたね。国学は、中国風の思想・文化に反発して日本の伝統を回復しようという運動でしたが、明治期以降の国粋主義は西洋風の思想・文化に対する反動です。いずれも**ナショナリズム**の動きであるという点で共通しています。

明治以降の国粋主義

● 西村茂樹：明六社の同人、『日本道徳論』
　　　　➡ **儒学**に**西洋哲学**を加味した国民道徳を涵養すべし
● 井上哲次郎：ドイツ哲学研究者、キリスト教を排撃
● 岡倉天心：美術哲学者、『茶の本』などで日本文化を海外に紹介、「**アジアは一つ**」
● 三宅雪嶺：政教社を設立、雑誌『**日本人**』を主宰 ⎫
● 陸羯南：新聞『日本』を主宰、「**国民主義**」を標榜 ⎬ ジャーナリスト
● 徳富蘇峰：民友社を設立し、『**国民之友**』を主宰 ⎭
　　　　「平民主義」を標榜

のちに排外的な国家主義に転向！

216

「国粋主義」という言葉を聞くと、直ちに**外国人の排斥**や**外国への侵略**を正当化する動きが思い浮かぶかもしれないけど、少なくとも明治後半に起こった当初の国粋主義は必ずしもそうした性格は希薄でした。むしろ、政府に対して民衆の立場を擁護するという**進歩的な性格**が強かったと言えるでしょう。このことは、徳富蘇峰（1863〜1957）のスローガン「平民主義」に象徴的に示されているし、三宅雪嶺（1860〜1945）は社会主義者の堺利彦と深く交流していました。なお、この時期の運動を担ったのはおもにジャーナリストですよ。

 昭和以後の国粋主義は、少し様子がちがうんですか？

そのとおり。ある程度対外的な地位を確立した強国で起こるナショナリズムは、どうしても排外的な国家主義に傾きがちで、これは軍国主義まであと一歩。昭和以降の日本の動向がまさにそうでした。

1936年には**二・二六事件**（青年将校たちによる軍事クーデター）が起こり、世相は一気に軍国主義へと向かっていきます。そして、この事件を起こした青年将校たちに影響を与えたのが、『**日本改造法案大綱**』で憲法の停止や政党の解体を訴えて**超国家主義**的な体制の樹立を説いた**北一輝**（1883〜1937）でした（北は、事件の理論的指導者と目されて処刑されています）。

また、かつて平民主義を唱えていた徳富蘇峰も転向して、太平洋戦争にさいしては国策と戦争の鼓吹者となってしまいます。なお徳富蘇峰は、キリスト者 ➡ 開明的ジャーナリスト ➡ 軍国主義者と、激動の日本近代史を一身に体現するような生涯を送っていますね。

23 日本の近現代思想(2)

この項目のテーマ

1 大正期の思想——大正デモクラシーほか
新時代を支えた新しい思想の動向が登場
2 日本の独創的思想——哲学と民俗学
多彩な思想家たちの主張をていねいに追おう

1 大正期の思想——大正デモクラシーほか

　大正デモクラシーという言葉に象徴されるとおり、大正時代（1912〜26）はデモクラシーが開花した時代でした。これは憲法制定（1889年）から20年以上が経過して立憲政治が安定期を迎えたことと、急速な資本主義化も一段落したことなどが背景にあり、この時代の大正デモクラシーとは、**憲法の擁護**と**普通選挙制**を要求する民衆運動であったと言えます。

　この時期には大逆事件でいったん下火になった社会主義的な潮流も息を吹き返し、そのほか**女性解放運動**や**部落解放運動**など多彩な民衆運動が一挙に展開されるようになるんです。

　　どんな人が運動を牽引したんですか？

　大正デモクラシーの理論的指導者となったのは、なんといっても東京大学の政治学教授だった**吉野作造**（1878〜1933）です。

吉野作造（1878〜1933）　〜普通選挙制や政党内閣制などを要求
デモクラシー　● 民主主義：人民による政治（主権在民）　➡ 危険思想 ● 民本主義：人民のための政治（主権の所在は問わない）➡ OK！

吉野がなぜ「**デモクラシー**」というカタカナ語を使ったかというと、「**民主主義**」という日本語は人民主権を意味してしまい、これは天皇主権をうたう憲法と矛盾してしまうから。だから、彼は「民衆本位」を縮めた「**民本主義**」を提唱しました。

 民本主義は、民主主義とちがうのですか？

　民本主義の場合、だれが主権者かということは問われません。だから、天皇主権を維持しつつ**民衆のための福利**を実現することが可能になります。もともと、これは孟子などの儒教で説かれていた教えなので、日本でも受け入れられやすかったと言えるでしょう。吉野は民本主義の立場から**普通選挙制**の要求などを行っていったのです。

　それからもう一人、美濃部達吉についても触れておきましょう。

美濃部達吉（1873〜1948）

天皇 機関説	● **国家は一種の法人**である（国家法人説） ● **天皇は国家という法人の最高機関**である

　　　➡ のちに**迫害**！

　美濃部達吉の唱えた天皇機関説とは、**国家が一種の法人である**という前提のもと、**天皇をその最高機関とみなす**という考え方です。これは言ってみれば、天皇を会社の社長のようなものとみなすわけで、天皇の主権を否定するわけではないけれども、社長が会社のルールに縛られるのと同様に、天皇も国家のルールである憲法に縛られることになります。

　東京帝国大学教授だった美濃部の天皇機関説は、大正時代には通説となり、この時代の政党政治を支える理論伴っていました。しかし、昭和に入って軍国主義的ムードが高まると、しだいにこの学説は批判を受けるようになり、著書は発禁処分、貴族院議員の職も追われ、はては右翼から銃撃されるという大変な**迫害**を受けるに至りました（**天皇機関説事件**）。大正から昭和への流れを象徴する事件でした。

　大正時代には人々の意識の高まりにつれて、女性の自覚も強まっていきました（当時は「婦人解放」と言っていた）。この動きを代表するのが平塚らいてうです。雑誌のタイトルになっている「青鞜」とは「青い靴下」という意味で、女性の自立を目指すイギリスの運動に由来します。「良妻賢母」のような男性に都合のいい伝統的な女性像ではなく、「新しい女」を目指すもので、日本初のフェミニズムの運動と言えます。

今でも良妻賢母を求める風潮ってありますよね。

　これは意見の大きく分かれるデリケートな問題ですが、「良妻賢母」というのは、夫に仕えて子を育て、家庭を守るという女性のあり方ですよね。現にこうした生き方をしている人を否定する権利はだれにもありません。でも、この生き方は女性が主役であるべきではないという価値判断にもとづくものでもあり、女性解放運動の立場は、少なくともこうした生き方を強制すべきではないと考えます。ともあれ、大正時代には**女性の自立**を目指す動きが登場してきたというわけです。

⬆️部落解放運動

　江戸時代までの身分社会（士農工商）に対し、明治政府は「四民平等」の方針をとったため、伝統的に差別を受けてきた**被差別部落**の人々は形式上は解放された。しかし、さまざまな差別は根強く残ったため部落解放運動が起こり、「**人の世に熱あれ、人間に光あれ**」を掲げる**全国水平社**が1922年に結成された。

❷ 日本の独創的思想──哲学と民俗学

　かつて中江 兆民は「日本に哲学なし」と嘆いていたけど、明治後期ごろからは注目に値する独自の哲学が生まれるようになりました。

　西田幾多郎（1870〜1945）がその代表者で、彼は西洋近代哲学の前提に疑問をもち、青年時代からの参禅経験をもとにした東洋思想を使って、より根源的な哲学的立場を構築すべく思索を重ねました。西田によると、デカルトを典型とする西洋哲学では、**主観**と**客観**というものが実体として独立しているということを前提とし、主観が客観を認識するという図式となっています。

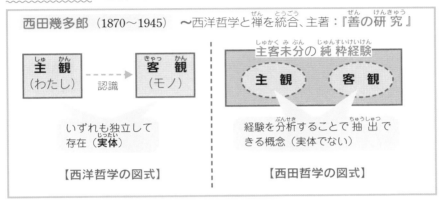

　しかし、主観と客観は本当に切り離すことができるのでしょうか？　目の前にある赤いリンゴは、僕ら人間の視覚によって「赤い」ととらえられているからこそ赤いのではないか。さらにリンゴを認識する主観とて、家族や周囲の無数のものに支えられてはじめて存立できているはずで、けっして真空から客観的世界をながめているわけではない。西洋哲学は、この**主観と客観の相互依存的な関係**をとらえ損ねている、というわけです。

　そこで西田は、**主客未分の純粋経験**こそが真の実在だと考える。無心で絵を描いているときや料理に夢中になっているとき、自分と対象とは完全に一体です。これこそが、根源的な純粋経験です。「私は今、勉強をしている」という具合に、自分を第三者的にながめるならば、それはもはや分析された自己にすぎず、真の自己ではない。真の自己（**人格**）は卑小な自我を超えて**知・情・意**が一体となった純粋経験において完成するのであり、ここにおいて**善**が実現すると西田は説きました。

　なお、晩年の西田は、こうした純粋経験において立ち現れる真の実在を、**絶**

対無と呼びました。これは有に対比される無（相対無）ではなく、有と無の両者を同時に成立させる根源的な**場所**のことです。これは坐禅を通して得られる、自己と世界が一体であるような境地を漠然と表すと考えるといいでしょう。

⬆⬆ 鈴木大拙

鈴木大拙（1870〜1966）は、西田幾多郎と同郷・同い年の親友で、禅については先輩として、西田に大きな影響を与えた。英文で『禅と日本文化』『日本的霊性』などを著して仏教思想の紹介者として欧米でも広く知られる。

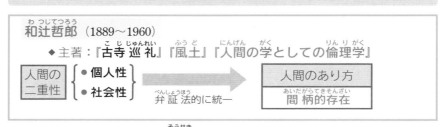

和辻哲郎（1889〜1960）
◆ 主著：『古寺巡礼』『風土』『人間の学としての倫理学』

| 人間の二重性 | ●個人性 ●社会性 | → | 人間のあり方 |

弁証法的に統一　　間柄的存在

和辻哲郎は、作家を志して漱石に弟子入りしたほどの文学青年でしたが、ハイデッガーに深い影響を受け、また日本の仏教美術を独自の観点から評価する（『古寺巡礼』）など、多彩な思索を展開しました。

和辻の議論で最も重要なのは、人間を**間柄的存在**としてとらえたことです。西洋では一般に人間はまずもって**個人**であるという考え方が支配的ですが、完全に自立した個人などというのはあり得ない。他方で、東洋では人間が**社会的存在**であるということが重視されますが、これは逆に、人間が自分の意志をもっているという自立性の契機を無視している。ところで、「人間」は「人の間」と書きますよね。和辻はこれに着目し、人間は**個人的存在という側面**と**社会的存在という側面**の2つを合わせもった**間柄的存在**であると言うのです。

日本の民俗学

■ 柳田国男（1875〜1962）　◆ 主著：『遠野物語』
　文化の本質は常民の生活のうちにある ➡ 各地の民間伝承を収集

■ 折口信夫（1887〜1953）　　無名の民衆のこと
　日本の神話を研究し、日本人の神観念を「まれびと」として説明

　　　　　　　　他界から来訪　　　　　国による神社
　　　　　　　　する神（客人）　　　　の統廃合政策
■ 南方熊楠（1867〜1941）
　粘菌の研究など諸学に才能を発揮。神社合祀令に反対し、**鎮守の森**の保護を主張

民俗学とは、**民族的な文化や伝統を文献以外の民間伝承などにより明らかにしようという学問**で、日本では柳田国男が明治に本格的な研究を始めました。

　柳田が目指したのは**日本文化の深層**を明らかにすることです。この課題は江戸時代の国学者たちがやろうとしたこととも通じるので、柳田は自分の学問（＝民俗学）を**新国学**とも 称 していました。

　しかし、国学と民俗学とでは、決定的にちがう点があります。それは、国学が記紀などの**古典文献**を頼りにしたのに対し、柳田民俗学は各地の 習 俗や民間伝承を頼りに研究するという点です。

　知識人が書いた歴史書といったものにはどうしても為政者の政治支配を正当化するという不純な要素が入り込んでしまいます。でも、地域に伝わる**河童**の伝説だとか、**先祖がお山に帰って神になる**といった人々の素朴な信仰など、**常民**（名もなき民衆）が紡いできた伝承や習俗には、日本人の伝統的な心のあり方がより息づいていると考えられたのでしょう。近代に入って大きく変わりゆく日本社会にあって、日本のアイデンティティを残すため、柳田は全国各地を隈なく歩いて伝承や習俗の 収 集と記録に努めたのです。

　「**まれびと**」とは、その名のとおり「まれに来る人」という意味で、「客人」と書きます。日本の神話を読むと、**常世の国**と呼ばれる異界（他界）から訪れる神が多く登場するのです。出雲神話におけるスサノオなどはその典型だし、「竹取物 語 」なども似た物語構造となっていします。折口は「まれびと」「常世の国」などの概念を用いて日本人の精神風景を魅力的に描き出したのです。

　最後に南方熊楠は和歌山出身の奇才で、18か国語を 操 れたという天才です。学問的に正規の教育は受けていませんが、英米を放浪し、**粘菌学**などで国際的に最も権威ある科学雑誌に何度も論文が掲載される（歴代最多！）などの実績を残しました。

　南方に関して必ず言及されるのは、**神社合祀令**への反対運動です。神社合祀令とは、１町村の神社を原則として一つに統合すべしという明治政府の命令です。国家神道を確立したかった政府としては、わけのわからない神社が各地に無数にあるという状況を改め、管理・統制しやすくしたかったんです。

　でも、知ってのとおり、神社というのは必ず森や林とセットでつくられ、地域を守っている（**鎮守の森**）。だから、神社を統廃合するということは地域の心臓部を破壊することであり、また多くの動植物から住処を奪うことを意味するから**生態系の破壊**でもある。これに南方は断固として反対しました。このようなことから、南方は**環境保護**の先駆者として再評価されています。

⬆️ 柳宗悦の民芸運動

　柳 宗悦（1889～1961）は高校時代に武者小路実篤らと『白樺』を創刊した文学青年だったが、心理学を専攻したのちに美術評論家となった。彼は、**朝鮮の民族美術**を高く評価して、日本の占領政策を厳しく批判する。その後は日本の美術に関し、天才的な芸術家がつくる芸術作品よりも、名もなき平凡な職人が手仕事でつくる日用の工芸品のなかに真の美があるとして、こうした「用の美」を体現した民芸を全国各地から収集した。

⬆️ 戦後日本の思想

　第二次世界大戦が終わると、それまでの言論弾圧への反動もあって、マルクス主義をはじめ、多彩な思想が競うようにして現れた。

　なかでも、戦後民主主義の理論的指導者となったのが、東京大学の政治学教授・丸山眞男（1914～96）である。戦中には西洋近代思想の限界と「近代の超克」がしきりに論じられたが、丸山は終戦直後に発表した論文『超国家主義の論理と心理』などで、日本社会の問題はむしろ**近代的自我**がいまだ未成熟な点にあると指摘した。

　そのほか、日本における本格的な近代批評の創始者とも言われる**小林秀雄**（1902～83）や、人間の堕落を人間本来の姿に戻ることとしてとらえた**坂口安吾**、日本の文化が多様な外来文化を重層的に受容した雑種文化であると指摘した評論家・**加藤周一**（1919～2008）、丸山眞男の近代志向を批判して学生運動に多大な影響を与えた**吉本隆明**（1924～2012）など、多彩な思想家たちが戦後の論壇を彩っている。

日本人の美意識

▶自然との一体感

日本では自然が**人間と一体**のものとしてとらえられてきたため、自然の美しさを表す「花鳥風月」「雪月花」といった表現が風雅な心がまえをも表しています。

▶無常観と無常感

万物が流れ去り消え去っていくものであるという、仏教における**無常**の思想は、日本の文芸作品にも大きな影響を与えています（**西行**や**鴨長明**など）。

しかし、本来の無常が宇宙の客観的な構造をとらえる**無常観**であったのに対し、日本ではこれを主観的な心情（**無常感**）としてとら

> 「ねがはくは　花のしたにて春死なん　そのきさらぎの望月の頃」
> 　　　　　　　　　　　（西行）
> 「ゆく河の流れは絶えずして、しかももとの水にあらず」
> 　　　　（鴨長明『方丈記』）

> 「世は定めなきこそいみじけれ」
> 　　　（吉田兼好『徒然草』）

えるようになりました。**吉田兼好**の作品などには、無常のなかにかえって美や趣を見出す傾向も見られますし、近代日本の哲学者・**九鬼周造**は、江戸時代の美意識「**いき（粋）**」を分析し、これは「意気地」や「諦め」の念によって無情を愉しむ姿勢だと論じています。

▶余白や余韻の美

日本文化には、すべてを説明し尽くすのではなく、余白や余韻によって何かを表現するという伝統があります。**枯山水**（石庭）や**雪舟**の大成した**水墨画**などはその典型です。また、**藤原俊成**が歌論の極意とした**幽玄**の美（言外の余韻、奥深さ）は、のちに**世阿弥**が大成した**能**にも取り入れられ（『**風姿花伝**』）、また**千利休**が大成した**茶道**における「**わび**」（わび茶）や、**松尾芭蕉**によって完成された**俳諧**における「**さび**」へと発展していきました。

24 現代社会の課題と倫理

この項目のテーマ

1 生命倫理
医療技術と生命工学の進歩は何をもたらしたのか？

2 大衆社会
近代化によって人々の性格はどう変化したのか？

3 情報社会
情報化の特徴と問題点をおさえよう

4 グローバル化と倫理
グローバル化の時代に求められる考え方とは？

1 生命倫理

　妊娠することを「命を授かる」と言いますよね。これは、生命というものが人知のおよばないものであるという考え方に由来する表現です。ところが、医療技術と**バイオテクノロジー**（生命工学）の急速な進歩によって、生命は人間の手によって操作可能なものとなりつつあります。そんな新たな状況に対し、人は生命を操作することが許されるのか、また許されるとしたらどこまでなのか、こういった問いが生じます。こうしたことを主題とするのが**生命倫理**です。宗教など根本的な価値観とも関連する大きなテーマですね。

　　　ではバイオテクノロジーって何でしょう？

　バイオテクノロジーとは**生物学の知見を利用する技術**を広く指し、20世紀に登場した新しい技術のことです。とくに、「生命体の設計図」である**遺伝子**についての研究が進みました。この遺伝子を構成しているのが DNA で、そこに書き込まれている遺伝子情報（**ゲノム**）の解明は20世紀後半以降に急速に進み、さまざまな技術に応用されるようになりました。人間の遺伝子情報（**ヒトゲノム**）についても国際的に研究され、すでに2003年に解読完了が宣言されています。

遺伝子情報の解明

- **遺伝子診断**・**遺伝子治療**
  遺伝子診断による差別・**生の選別**などの問題
- **クローン技術**
  - **ヒツジ**などで成功。
  - 人間については**クローン技術規制法**で禁止
  - クローン技術の応用 ➡ **ES細胞**や**iPS細胞**などの**万能細胞**
- **遺伝子組み換え作物**
  日本でも流通、ただし**表示義務**あり

遺伝子のしくみがわかれば、遺伝病の診断が容易になります（**遺伝子診断**）し、正常な遺伝子を補うことで治療もできます（**遺伝子治療**）。でも、たとえば遺伝子診断の結果で就職差別が行われたり、生命保険の保険料が高くなるとしたら（アメリカではすでに起こっている）？　また、妊娠成立前の受精卵の段階で行う**着床前診断**や、妊娠段階で行う**出生前診断**で遺伝病が発見され、**人工妊娠中絶**が選択されるとしたら？　これって生まれるに値する人間と、そうでない人間を選別することですよね（**生の選別**）。技術の進歩の結果、私たちはこれまで考える必要もなかった倫理的問題に直面しているのです。

クローン技術とは、遺伝的にまったく同一の構造をもつ生命体を複製する技術のことです。すでにヒツジやサルなどのクローンも生み出されていますが、現在、ヒトのクローンは倫理的問題が大きすぎるとして世界的に規制されており、日本でも**クローン技術規制法**（2001年）によって禁止されています。

ただし、細胞レベルでの複製は研究が進められており、神経細胞や心筋細胞など、何にでも分化できる**万能細胞**として **ES細胞**（胚性幹細胞）が1990年代後半から注目を集め始めました。これは**受精卵**をもとにして作製されたもので、本来は人間の個体に成長するはずだった受精卵を破壊することになることから、倫理的な問題が指摘されています。これに対して2006年に京都大学の山中伸弥教授が発表した **iPS細胞**は、皮膚などの体細胞から作製されます。これが実用化されれば拒絶反応のない移植用臓器などを作製することも可能となるとして、再生医療の分野で大きな期待を集めています。

- **ES細胞**…受精卵から作製
  ➡ 倫理的問題が大
- **iPS細胞**…体細胞などから作製
  ➡ 倫理的問題は小

遺伝子組み換え作物とは遺伝子組換え技術によって作られた作物のことで、

日照りや害虫などに強い作物などが実際に多く作られています。しかしこれらはそれまで地球上に存在しなかった生命体であり、人体や生態系に与える影響が懸念されているのです。そこで、日本では、遺伝子組み換え食品はその旨**表示する義務**が課されています。

ポイント バイオテクノロジーのもたらしたもの

- 生命が操作可能に !? ⇒生命の操作はどこまで許されるのか（**生命倫理**）
- 遺伝子情報の解明は、再生医療などを進歩させた反面、**生の選別**などの問題が深刻化。

そのほか、医療技術の進歩がもたらしたものも大きいです。生殖革命はその一つです。生殖革命とは生殖技術が大きく進歩することを指し、具体的には**人工授精**、**体外受精**、**代理出産**などの生殖補助医療を指します。

人工授精とは自然妊娠ができない夫婦などを対象に、人為的に授精を行う技術のことです。このうち精子と卵子を取り出して受精卵をつくることを特に**体外受精**という。これらの技術を使えば、遺伝上の父と法律上の父のあいだで、あるいは遺伝上の母と法律上の母のあいだでズレが生じることがあります。このように**親子関係の複雑化**が現に進行しており、現在の日本では14人に1人が体外受精で生まれているということです。

 代理出産というのは……？

代理出産には、夫の精子を妻以外の女性に人工授精してもらうのと、夫婦の受精卵を別の女性に移植するという二つのパターンがあります。いずれにせよ夫婦から見て第三者の女性が**代理母**として妊娠・出産します。

問題として第一に、**家族関係がきわめて複雑**になってしまうことが挙げられます。産みの母と遺伝上の母が別になることもあるのですから。第二の問題として、代理母に謝礼が払われるとなると、**母胎が商業化**されてしまいます。実際に代理母ビジネスが広がっている国もありますが、倫理的な問題が大きいので、日本では産科婦人科学会がガイドラインで代理出産を禁止しています。もっとも、こうした事態はそもそも想定されていなかったので、いまのところ法律上の規制はありません。代理出産は依頼者と代理母の利害が一致して行われるものですが、それなら何も問題ないかというと、きわめて難しい問題です。

そのほかインターネットなどでは**精子バンク**（精子銀行）や**卵子バンク**が存

在しており、精子や卵子が売買されています。また受精卵の**冷凍保存**も技術的に確立されているので、代理出産の技術を応用すれば、夫婦が亡くなった数十年前にその子どもが生まれるといった事態も起こり得ます。生殖革命は人間社会のあり方そのものをも揺るがしているのです。

ポイント 生殖革命

- **人工授精**・**体外受精**は日本でも可。親子関係を複雑化させる問題も。
- **代理出産**は日本では学会のガイドラインで禁止されている。

次に医療倫理をめぐる考え方を見ておきましょう。

伝統的な医療倫理では、**SOL**（Sanctity of Life, 生命の尊厳）という考え方が主流でした。これは命に絶対的価値を認めるという至極もっともな考え方ですが、医療技術が高度化するなかで**延命治療**を絶対視すべきかという疑問が浮上しました。回復の見込みもないのに耐え難い苦痛にさいなまされ、何年間もベッドに縛りつけられるのが人間らしい生き方と言えるのか、という問題です。

そこで、患者の生命の質＝**QOL**（Quality of Life）をもっと重視すべきだという考え方が強まってきました。具体的には、たとえば**ターミナル・ケア**（終末医療）において、**苦痛の緩和**や**精神的ケア**を重視するものであって、**安らかな死**を目指す新しい医療と言えるでしょう。どのような死を迎えるかということは患者にとってきわめて重大な問題ですから、元気なうちに生前の意思（**リヴィング・ウィル**）をはっきりさせておくことが大切です。なお、末期患者を専門として受け入れる施設は**ホスピス**と言われます。

そのほか近年では**インフォームド・コンセント**も重視されています。これは費用やリスクについて医師が十分に**説明**し、患者が**同意**することを治療の条件とするという考え方です。治療に関して医師が一方的に決めるのではなく患者自身の意思（**自己決定権**）を大切にする、ということですね。なお、これと反対に、（医師など）権威ある人が弱い立場の人の事柄について決定すべきだという考え方を、**パターナリズム**と言います。

ターミナル・ケアに関しては、次の二つが区別されます。

- **尊厳死**（消極的安楽死）…延命治療を停止すること（➡ **自然死**）
- **安楽死**（積極的安楽死）…薬物投与などで人為的に死なせること

　　▶**オランダ**など一部の国では安楽死が法的に認められているが、日本では尊厳死だけが認められている

それから、生命倫理でとくに大きな問題になるものに、脳死問題があります。

1997年に臓器移植法が制定されました。それまでは心臓が停止しない限り「死者」と認めることができなかったので、どうしても心臓移植はできませんでした（行えば「殺人」とみなされかねない）。そこで脳死状態に陥った人を便宜的に死者として認め、生きた心臓の移植を可能にすることにしたのです。

なるほど、臓器移植法の制定で、死の定義を修正したのですね。

ただ、臓器移植法が制定・施行された後も、移植の条件が厳しいことなどからなかなか移植例は増えませんでした。したがって臓器提供者（ドナー）を待っている患者は海外に出て外国人からの移植を行うことが多かったのですが、国際的にも臓器は足りないので、こうしたことに対してWHO（世界保健機関）などから批判がなされるようになってきました。そこで行われたのが2009年の改正です。

旧臓器移植法	2009年改正
● 書面による本人の意思表示が必須	● 家族の同意のみで可
● 15歳未満は不可	● 15歳未満も可
	▶ 親族への優先提供も可

従来も家族の同意は必要でした。でも改正法では、家族の同意さえあれば、本人の意思表示がなくても臓器提供ができるようになりました（もちろん本人が臓器提供を拒否する意思表示をしていた場合にはそれが優先されますが）。

臓器移植法の制定と改正を通して、心停止または脳死における臓器移植は増加傾向にあります。ただ、多くの課題が残されているのも事実です。

救える命が救えるようになったという点では、たしかに進歩と言っていいのかもしれません。しかし、人間のからだは単なる機械ではありませんから、脳死に至ったとしても、臓器摘出には最大限の慎重さが求められるはずです。その点で、本人の意思表示が不可欠でなくなったことについては、評価が分かれるところでしょう。また家族の心理的負担が大きくなってしまいました。脳死は、交通事故など突発的に起こるものであり、家族に心の準備ができていないのが普通です。そのようなときに、まだ心臓の動いている大切な家族の命を終わらせる決断を迫られてしまうのです。

結局、脳死問題は宗教的な死生観にもかかわる難しい問題であり、これに法制度が一定の結論を出さなければならないという難しさがあるのです。

2 大衆社会

20世紀アメリカの社会学者**リースマン**（1903-80）は、『**孤独な群衆**』のなかで、現代社会における**根無し草的な大衆**の姿を描きました。

伝統的社会における人々は、貴族や農民あるいは職人といった特定の職業・階層に属し、特定の共同体の中で生活し、それぞれの社会に特徴的な外見や思考様式をもって生きていました。ところが社会の**近代化**によって事情は一変し、人々は**均質で画一的な人間の集団**（塊<ruby>かたまり</ruby>＝マス）になってしまいました。これが**大衆社会**（mass society）です。

 なぜ近代化によって人々が画一化するのでしょうか。

ひとことで言えば、社会が近代化すると、政治・経済・文化のあらゆる面で人々のちがいが少なくなっていくからです。

もちろん政治的権利が一般民衆のものになり、人々の生活水準が向上すること自体は社会の進歩です。でもこれがある段階以上に進むと、人々はしだいに自分の**自律性**や**主体性**といったものを感じられなくなってしまうのです。

> | 政治 | ：市民革命、選挙権の拡大 |
> | | ➡ 政治的権利の平等化 |
> | 経済 | ：産業革命、技術革新 |
> | | ➡ 生活様式の平準化 |
> | 文化 | ：マスコミの発達 |
> | | ➡ 意識の均質化 |

たとえば普通選挙制のもとでは、自分の1票は何百万票か何千万票のうちの1票にすぎず、その価値を実感するのは難しい。こうした無力感ゆえに人々は**政治的無関心**へと向かってしまうのです。

また産業革命や技術革新の結果、大量生産が可能になり、人々は階層・居住地域を問わず、同型的な**消費者**へと均質化されていきました。こうした社会ではライフスタイルも似通っていき、ファッションその他で**周囲に同調**する傾向がきわめて強くなる（リースマンはこうした現代人の社会的性格を「他人指向型」と呼んでいます）。

伝統指向型	➡	伝統指向型	➡	伝統指向型
慣習や伝統を尊重 （中世以前に支配的）		自己の内面や良心に忠実 （近代社会に支配的）		他者による評価を重視 （現代社会に支配的）

このような大衆社会の問題を指摘した思想家としては、スペインの哲学者オルテガ（1883-1955）も有名です。彼は、著書『**大衆の反逆**』のなかで、みずからの権利のみを主張し、みずからに義務を課す高貴さを持ち合わせていない大衆が主権者となった現代の危機を鋭く批判しました。彼は民主主義を全面的に否定しているわけではありませんが、その大きな弱点を指摘したのです。実際、ドイツで民主主義体制のもとでナチ政権が誕生したのは、『大衆の反逆』の発刊からわずか3年後のことでした。

　それから、すでに触れたフランクフルト学派のフロムやアドルノは、ファシズムの心理学的背景を探り、自己よりも上位の者には従属的でありながら下位の者には抑圧的となるような権威主義的パーソナリティの問題を指摘しました。経済的危機が広がる時代には、人々の不満が鬱積し、自分よりも弱い立場の人を攻撃し、圧倒的な強者には盲従する傾向が強まる。近年広がりを見せているといわれるポピュリズムにもつながる問題ですね。

　民主主義を有効に機能させることができるのかどうか。これは大衆社会に生きる私たち自身が試されている課題なのです。

発展学習　**官僚制（ビューロクラシー）**

　社会が複雑化すると**政党・企業・教会**などあらゆる組織が巨大化し、これらは官僚制的な性格を帯びてきます。官僚制を近代社会の必然として描き出したマックス・ウェーバーは、官僚制の特徴として、規則による**職務権限の明確化**、組織における**上下関係、文書主義**などを挙げている。これらの特徴は組織の合理性を追求した結果生まれたものだが、組織が巨大化しすぎると組織が自己目的化して成員を抑圧したり、個人の主体性や自律性の失われる管理社会化が進んでしまう危険性がある。

③ 情報社会

20世紀の前半までは、豊かな国というのは多くのモノを生産できる国のことでした（産業社会）。でも情報の大量伝達（＝**マス・コミュニケーション**）が可能になった結果、経済活動の中心は次第に**モノから情報へ**と移行し、今日では情報の生産と伝達技術こそが豊かさの基準となっています。その意味で現代社会は**情報社会**（**脱工業化の社会**）と言われます。

なお、日常語では新聞社やテレビ局などの**マスメディア**を「マスコミ」と表現しますが、マス・コミュニケーションとは「大量に伝達すること」というのが元来の意味です。ともかく20世紀になってマス・コミュニケーションが普及した結果、情報は瞬時に多数の人々に伝達されるようになり、生活の利便性は大きく向上しました。でも**新たな問題**も生まれてしまったのです。

> **情報社会の問題点**
> ● 大量の情報伝達 ➡ **ステレオタイプ**な見方の普及
> ● **商業主義** ➡ 文化の低俗化
> ● 恣意的な情報 ➡ **世論操作**の危険性

現代は人々の行動や考え方が画一化しやすい社会です。だから圧倒的な量の情報が一方的に流されると、多くの人がその影響を強く受けてしまうのです。

ステレオタイプというのは**固定観念**のことで、「日本人は勤勉だ」「最近の若者は根気がない」「大阪人は図々しい」などがその例です。複雑な世界を生きていくに当たって、こうしたイメージは情報処理の負担軽減に役立ちます。しかしこれらはあまりに雑なイメージですから、誤った先入観で正しい認識が妨げられたり（ちなみに私は大阪出身です）、**深刻な差別や偏見**にもつながりかねません。情報化はこうした問題を引き起こしやすいのです。

またマスメディアのほとんどは営利企業なので、週刊誌であれば発行部数を、テレビ局であれば視聴率を争います（**商業主義**）。そして現代人は、難しい政策論争や社会問題などよりも、芸能人の不倫騒動などに関心を寄せてしまう傾向があるため、これが文化の低俗化を起こしてしまうのです。

さらに深刻な問題が**世論操作**です。ヒトラーのカリスマ的演説は人々を熱狂させ、宣伝大臣であったゲッベルスは「嘘も百回言えば真実となる」と言ったとされます。これは戦時中に限ったではなく、マスメディアの姿勢次第で世論は大きく動かされます。だから私たちは、圧倒的な量の情報のうち、信頼できるものであるのかどうかをつねに吟味し、さまざまなメディアを使いこなす**メ**

ディア・リテラシーを身につけなければいけないのです。

 最近は、情報のあり方もずいぶん変わっていますよね。

　そうですね1990年代以降の **ICT**（情報通信技術）の進展、とくに**インターネット**などの**双方向（インタラクティブ）**型メディアの出現とその劇的な進歩は、社会に大変化をもたらしました。現代は**高度情報社会**と言うことのできる段階に入っているのです。新聞・テレビなど従来型マスメディアは基本的に一方通行の情報伝達を行っていましたが、現代型メディアでは、一般市民が**ソーシャルメディア（SNS）**を介して世界に情報を発信し、見知らぬ人々と交流・情報交換できるようになっています。また、いまではスマートフォンなどを使い、いつでもどこでも情報にアクセスできます（**ユビキタス**社会）。

　こうした技術の進歩は、言うまでもなくきわめて便利なものですが、同時にさまざまな問題も引き起こしています。

ICT による新たな問題

- ⎰ 情報の双方向化・ユビキタス化 ⎱ ➡ **コンピュータ犯罪**の増加
  - 例 ハッキング、コンピュータ・ウィルス、サイバーテロ、フィッシング詐欺
- 情報取得が容易に ➡ **個人情報**の流出
  - ▶個人情報保護法（2003年）
- 情報のデジタル化 ➡ **知的財産権**の侵害

　まずは**コンピュータ犯罪**の増加。いまは企業も政府も、多くの情報をコンピュータ・ネットワーク上に置いているので、つねに不正侵入（**ハッキング**）や**コンピュータ・ウィルス**などの危険にさらされています。とくに国家機能への攻撃とみなされる**サイバーテロ**は、近年では物理的なテロと並ぶ重要な安全保障上の脅威だとされています。そのほか、会員制ウェブサイトなどになりすまして、パスワードやクレジットカードの番号などを入力させて騙し取る**フィッシング**などの詐欺被害も多発しています。

　また双方向メディアとしての SNS では、企業や公人が**誹謗中傷**の被害にあったり、子どもの**いじめ**が深刻化する事例も増えています。さらに「**フェイクニュース**」と呼ばれる無根拠なデマが拡散し、政治・社会の分断を広げてしまうといった深刻な事態も生じています。

　その他、**個人情報の流出**や**知的財産権の侵害**といったリスクが高まっている

問題もあります。また、情報を使いこなせる人とそうでない人とのあいだで格差（**デジタル・デバイド**）も拡大しており、これが個人間や国家間の経済力の格差を拡大してしまう問題が生じています。

最後に、情報化に関わる思想についてみておきましょう。

情報化にかかわる思想

❶ リップマン（1889〜1974）：人はじかに世界を見るわけではなく、メディアによってつくられる**ステレオタイプ**に強く影響されるため、世論は容易に操作される。

❷ マクルーハン（1911〜80）：メディアは、その形式によって人間の思考に大きな影響を与える。

※活字メディア以前 ➡ 活字メディアの時代 ➡ 音声・映像メディアの時代

リップマンは、20世紀アメリカのジャーナリストで、『世論』という本で「**ステレオタイプ**」の概念を有名にしました。この概念は、**オルポート**が「**過度の一般化**」と呼んだものともほぼ同じです。複雑な現実を複雑なままに捉えるのは、負担が大きいものです。だから人は、ものごとを単純化して自分の狭い図式のなかで決めつけてしまいたくなるのです。

マクルーハンはメディアの意味について新たな見方を提案した人です。「メディア」はもともと「媒体」という意味なので、普通は人から人へと情報を伝達する中立的なものと考えられます。ところがマクルーハンは、**メディアの形式**がもつ重要な意味に注意を促しました。15世紀のドイツでグーテンベルクが活版印刷術を発明したことで、聖書をはじめとする活字情報が急速に普及しましたが、活字メディアの普及により、それまで**音声**によって物語られることで伝達されていた情報が、個人が**文字**を黙読するという営みへと変わっていきました。さらに20世紀に映画やテレビが普及すると、人々は活字ではなく**映像**による感覚的イメージによって情報を受容するようになりました。こうしたメディアの変化は、社会や人間関係をも大いに変容させていくというわけです。

4 グローバル化と倫理

　ここまでさまざまな問題や課題を見てきましたが、最後に、グローバル化の進む現代における倫理的課題についてまとめていきましょう。

　まずは人類の存続を 脅 かす核兵器の問題です。世界中の人が核廃絶を願っていますが、核保有国は核抑止論によって自国の核保有を正当化しています。つまり、

　　❶　核兵器を廃絶したいのはやまやまだが、

　　❷　現に他国が保有している以上、自国（あるいは世界平和）を守り戦争を抑止するには保有し続けるしかない

……というわけです。一理あるかもしれませんが、ともかくこの理屈で世界中の核兵器は増え続け、多くの国に拡散してしまいました。結果として核抑止論は、核戦争の脅威を高めてしまったと言うべきでしょう。

　そんな核戦争の脅威をなんとかしようと、1955年には哲学者の**バートランド・ラッセル**（1872〜1970）と物理学者の**アインシュタイン**（1879〜1955）が共同で核廃絶を訴えました（**ラッセル・アインシュタイン宣言**）。この宣言では、科学が人類の存続をも脅かすということから**科学者の社会的責任**が強調されています。

 でも、核兵器はまだたくさんありますよね。

　政治的に、自国の核兵器だけを削減するというのはたしかに難しいのです。そこで国際交渉を経て、次のような条約が決められてきましたが、課題は多く残されています。

- 核拡散防止条約（1968年）…非加盟国は拘束できず
- 包括的核実験禁止条約（1996年）…米中などが未批准のため未発効
- 核兵器禁止条約（2017年）…核保有国や日本などは不参加

　今日では**テロリスト**への核拡散が危惧されているほか、ウクライナ紛争で**ロシア**が核兵器を使用するのではないかという懸念も広がっています。

　20世紀に二つの世界大戦を経た国際社会では、もはや人権は世界的に保障されなくては実効性がないと考えられるようになりました。

　近代の国際社会では各国の主権が不可侵だと考えられてきましたが、それではナチスによるユダヤ人虐殺をはじめとした外国の人権侵害を防げません。そ

こで、いわば人権の世界標準（グローバル・スタンダート）が必要だということになったのです。

人権の国際化

拘束力なし！

条約化
- **世界人権宣言**（1948年）
  …国連総会で採択。自然権の保障を宣言
- **国際人権規約**（1966年）
  …拘束力あり。日本は1979年に一部を留保して批准

　まず1948年に第3回国連総会で**世界人権宣言**が採択され、それを拘束力のある条約としたのが**国際人権規約**（1966年）です。そのほか個別のテーマごとの人権条約として、以下のようなものがあります。

難民の地位に関する条約〔難民条約〕（1951年）
- 人種的・宗教的・政治的理由から自国の保護を受けられない者を保護し、国外追放や強制送還を禁止　▶経済難民、環境難民は含まれず
- 日本は、**難民認定**の基準が厳しく受け入れに消極的

人種差別撤廃条約（1965年）
- 人種・皮膚の色などによるあらゆる差別の撤廃を目指す
- 日本は1995年に批准 ➡ **アイヌ文化振興法**の制定

女性差別撤廃条約（1979年）
- 女性差別の撤廃と女性の社会参加、性別役割分業の見直しを求める
- 日本は1985年に批准 ➡ **男女雇用機会均等法**の制定

子どもの権利条約（1989年）　▶日本は1994年に批准
- **18歳**未満の子どもに**権利行使の主体**として**意見表明権**などを認める

今日ではどんどんグローバル化が進んでいますね。

　そうですね。グローバル化が進む時代にあっては、**異文化理解**および他者との**共生**がきわめて重要となるでしょう。そのために必要な考え方が**文化相対主義**と**多文化主義（マルチカルチュラリズム）**です。この二つはいずれも**エスノセントリズム**（自民族中心主義）の反対の考え方ですが、微妙に異なっています。

| エスノセントリズム

自国の文化や民族が他国よりも優越的（ゆうえつてき）だとする考え方 | ⬌ | 文化相対主義
文化間の優劣（ゆうれつ）の差を否定 |
| | | 多文化主義
1つの国や社会の内部で複数の文化が共存すべきとの考え方 |

　多文化主義の典型としては、文化的なマイノリティを保護するために複数の言語を公用語と位置づけているスイスやカナダなどの政策を挙げることができます。これとは逆に、少数派の文化を劣ったものとして多数派の文化を押しつけるようなやり方は同化主義と呼ばれます。日本がかつて朝鮮半島で行った**創氏改名（そう）（しかいめい）**やアイヌ民族に対する**北海道旧土人保護法**（1899年～1997年）などはその典型例と言えるでしょう。

　もっとも、言語も価値観も完全にバラバラだと、**社会的な統合**が損なわれてしまいます。今日（こんにち）ではむしろ、少なくない国で社会的分断の広がりを懸念する声も高まっています。

　なお多民族国家の典型であるアメリカ社会は「**人種のるつぼ**」としばしば言われてきましたが、実際のアメリカ社会では人種が混ざり合って一つの文化を形成しているのではなく、各人種が独自の文化を保持しつつ共存しています。そこで、アメリカ社会は決して溶け合うことのない「**人種のサラダボウル**」だと言われることが多くなっています。

発展学習　オリエンタリズム

　パレスチナ出身の文芸批評家として米国の名門コロンビア大学で教鞭（きょうべん）を振るった**エドワード・サイード**（1935-2003）は、主著『**オリエンタリズム**』のなかで、「東洋的（オリエンタル）」という概念が西洋人によって捏造されたものにすぎないと論じた。彼によると、「東洋」とは、西洋人が多様な非西洋世界を一般化して、自分たちの先進性を確認するとともに、これと異なる文明圏を後進的・受動的で西洋人によって支配されるべき対象であることを確認するためにつくり上げた概念だとされる。

●参考文献一覧 （教科書類や本文で言及された原典以外のおもなもの。順不同）

松田隆夫ほか編『心理学概説』（培風館）、永井均ほか『事典　哲学の木』（講談社）

廣松渉ほか編『岩波　哲学・思想事典』（岩波書店）

バートランド・ラッセル『西洋哲学史』〈1〜3〉（みすず書房）

岩崎武雄『西洋哲学史』（有斐閣）、岩崎允胤ほか『西洋哲学史概説』（有斐閣）

木田元『反哲学史』（講談社学術文庫）

ディオゲネス・ラエルティオス『ギリシア哲学者列伝』〈上・中・下〉（岩波文庫）

小田垣雅也『キリスト教の歴史』（講談社学術文庫）

井筒俊彦『イスラーム文化　その根柢にあるもの』（岩波文庫）

梅原猛ほか『仏教の思想』〈1〜12〉（角川ソフィア文庫）

湯浅邦弘『諸子百家　儒家・墨家・道家・法家・兵家』（中公新書）

高島善哉ほか『社会思想史概論』（岩波書店）

戸田山和久『科学哲学の冒険　サイエンスの目的と方法をさぐる』（NHK ブックス）

稲葉振一郎『社会学入門　〈多元化する時代〉をどう捉えるか』（NHK ブックス）

冨田恭彦『観念論ってなに？　オックスフォードより愛をこめて』（講談社現代新書）

リチャード・ローティ『哲学と自然の鏡』（産業図書）

市川浩『精神としての身体』（講談社学術文庫）

廣松渉『マルクス主義の地平』（講談社学術文庫）

仲正昌樹『集中講義！アメリカ現代思想　リベラリズムの冒険』（NHK ブックス）

仲正昌樹『現代ドイツ思想　講義』（作品社）

マイケル・サンデル『これからの「正義」の話をしよう　いまを生き延びるための哲学』
　　（早川書房）

菅野覚明『神道の逆襲』（講談社現代新書）

末木文美士『日本仏教史　思想史としてのアプローチ』（新潮文庫）

丸山眞男『日本政治思想史研究』（東京大学出版会）

R.N. ベラー『徳川時代の宗教』（岩波文庫）

●写真提供

P52	ゴータマ・シッダッタ	奈良国立博物館
P124	デューイ	写真：akg-images/ アフロ
P135	キルケゴール	写真：アフロ
P141	ハイデッガー	写真：Ullstein bild/ アフロ
P144	サルトル	写真：AP/ アフロ
P148	シュヴァイツァー	写真：picture alliance/ アフロ
P153	サンデル	写真：picture alliance/ アフロ
P155	アドルノ	写真：Ullstein bild/ アフロ
P157	ハーバーマス	写真：picture　alliance/ アフロ
P160	レヴィ゠ストロース	写真：Opale/ アフロ
P161	フーコー	写真：Roger-Viollet/ アフロ
P165	ハンナ・アーレント	写真：TopFoto/ アフロ
P187	道元	提供：アフロ
P193	中江藤樹	提供：首藤光一 / アフロ
P200	本居宣長	写真：Lebrecht/ アフロ
P210	中江兆民	写真：近現代 PL/ アフロ

村中　和之（むらなか　かずゆき）

　大阪府出身。一橋大学大学院博士課程単位修得。現在、駿台予備学校講師。

　法学および文学の学士と社会学の修士をもつ「学位コレクター」。専門は社会哲学および政治思想史で、古今東西の古典を読破。哲学・思想の本質を説明させれば右に出るものはいないと言われる。また、受験生時代には「世界史職人」の異名をとっていたように、地歴公民科全般に関してオールラウンドな知識を有する。

　教壇では、膨大な知識と雑学を駆使した授業により、基礎レベルから難関大志望者までの受講生を魅了し、体系的な板書にも定評がある。現在、駿台予備学校などで「倫理」「倫理、政治・経済」「現代社会」「政治・経済」を指導しているほか、「青本」の執筆や模擬試験の作成、教員向けのセミナーなどを多数担当。また、「駿台サテネット21」で「倫理、政治・経済共通テスト対策」の講座を担当（2023年現在）。

　趣味は「哲学」で、特に好きな思想家はハンナ・アーレントと丸山眞男。

　著書に『大学入学共通テスト　倫理の点数が面白いほどとれる本』『改訂版　大学入学共通テスト　現代社会の点数が面白いほどとれる本』『日本の大問題が見えてくる　ディープな政治・経済』『経済のニュースが面白いほどスッキリわかる本』（以上、KADOKAWA）、『学びなおすと倫理はおもしろい』（ベレ出版）などがある。

大人の教養　面白いほどわかる倫理

2023年5月26日　初版発行

著者／村中　和之

発行者／山下　直久

発行／株式会社KADOKAWA
〒102-8177　東京都千代田区富士見2-13-3
電話　0570-002-301（ナビダイヤル）

印刷所／株式会社加藤文明社印刷所
製本所／株式会社加藤文明社印刷所